最速

The Simplest and Fastest Way to
Memorize the Essential Terms of
the Japanese History

で覚える

日本史用語

一橋学院
佐藤四郎

Gakken

本書の特長

◎ 本書のねらい

　本書では、膨大な日本史の内容を、**より短い時間で直感的につかみやすくすること**をねらいのひとつとしています。各単元を1見開きずつにまとめ、パッと俯瞰できるような構成にしました。

　毎回左ページでは、**各単元のできごとをストーリーとして読みながら、穴埋め形式で用語を暗記していく**ことができます。そのため、学習が追いついていない単元や、内容がうろ覚えの単元があったとしても、教科書を読み直すよりも効率的に要点を復習することができ、遅れを挽回しながら得点力を上げるのに役立ちます。

　また、入試の新傾向として、**歴史を俯瞰したときに見えてくる時代性や、時代をまたいだ内容**がより重視されるようになってきています。本書では、各単元を俯瞰できるとともに、**いち早く全単元を終わらせ、全体像を理解できるようにする**ことをふたつめのねらいとしています。

　共通テストや難関私大・国公立大で問われる重要な用語を網羅しつつも、核となる部分を中心にコンパクトなページ数にまとめているので、**1冊全体を何周もくりかえし復習**することにも向いています。

　「急いで遅れを取り戻したい」、「効率よく定期テスト対策・入試対策をしたい」という人は、ぜひ本書を活用して、**最短時間で最大限の得点力アップ**をめざしていきましょう。

本書のレベル				
入門	定期テスト	共通テスト	難関私大	難関国公立

◎ 使い方

LEFT

左ページでは、できごとの流れを5分でチェック！ 時系列や因果関係を確認しながら、穴埋め形式で用語を暗記できる。穴埋めの答えは、すぐ横の「重要語句」コーナー。時間のないときは、「重要語句」の列だけさっと目を通してもOK。

RIGHT

右ページは、流れのまとめ図や、関連する地図や資料など、ビジュアル的に整理をして覚えるページ。左ページに出てきた内容を、よりクリアに定着させていこう。

各章の終わりにはメモページつき。授業や他の参考書で覚えたことでメモをしておきたいことは、ここにまとめておこう。また、メモページの下半分はフリーの単語帳形式になっているので、覚えづらい用語や、追加したい用語があれば、どんどん書きこんで、自分だけの暗記帳を完成させよう。

CHAPTER **01**

旧石器時代〜古墳時代

◎ 700万年程前，人類が誕生したとされる。人類は [01]・[02]・[03]・[04] の順番で出現した。地質学の第四紀は，今より1万年程前までを [05]，その後を [06] と区分される。[05] は**氷河時代**ともいい，氷期には大陸と日本列島が陸続きとなり**ナウマンゾウ**など大型動物が渡来したとされる。……

◎ 石器時代の区分けでは，[07] を用いた**旧石器時代**から，石器を磨いた [08] もある**新石器時代**に移行した。[09] による**関東ローム層**中からの石器発見と，その [10]（群馬県）の調査により，日本での旧石器時代の存在が証明された。旧石器時代の人びとは，[11] と植物性食料の [12] で生活した。[11] は刃物とされる [13] や，[14] などの石器を棒に装着した石槍で動物を捕らえた。組み合わせ式石器の [15] も使用された。……

◎ 環境の変化により大型動物も絶滅し，[16] が成立した。13000年前から約2500年前頃までを**縄文時代**という。その特徴は [08] の使用，中小動物を射とめる**弓矢**，食物を煮る土器である。土器はその文様から [17] と呼ばれる。……

◎ 釣針などの [18] があり，人びとが捨てた貝殻などがたい積した遺跡を [19] といい，アメリカ人 [20] が1877年に東京の [21] を発掘調査したことが有名である。食料獲得の多様化により，地面を掘りその上に屋根をかけた [22] を営むなど，定住的生活が始まった。大規模集落として [23]（青森県）が有名である。遠方の集団との交易があったことが，石器の原材料で黒色透明な [24] や，[25]（硬玉）の分布状況から判明している。……

◎ [26] というあらゆる自然物などに霊威があるとする考えがあったとされ，霊威の災いを避ける呪術的遺物として，女性をかたどる [27] や男性の生殖器を表現した [28] がある。また，死者の多くが体を強く折り曲げて [29] されている。成人儀礼などとして [30] の風習もあったとされている。……

01	猿人
02	原人
03	旧人
04	新人
05	更新世
06	完新世
07	打製石器
08	磨製石器
09	相沢忠洋
10	岩宿遺跡
11	狩猟
12	採取
13	ナイフ形石器
14	尖頭器
15	細石器
16	縄文文化
17	縄文土器
18	骨角器
19	貝塚
20	モース
21	大森貝塚
22	竪穴住居
23	三内丸山遺跡
24	黒曜石
25	ひすい
26	アニミズム
27	土偶
28	石棒
29	屈葬
30	抜歯

旧石器時代のまとめ

気候	○ 氷河時代で日本列島は大陸と陸続き。大型動物が存在。
道具	○ [打製]石器…[相沢忠洋]が[岩宿]遺跡の関東ローム層で発見。 [ナイフ形石器]，[尖頭器]，[細石器]も使用。
食料採集	○ 狩猟…[大型]動物（[ナウマンゾウ]やオオツノジカ） ○ 植物性食料の採集
住居・集落	○ 定住せず獲物をもとめて移動。

縄文時代のまとめ

気候	○ 氷期が終わり，温暖になった。大型動物は絶滅。
道具	○ [磨製]石器…打製石器に加えて登場。 ○ [縄文]土器…植物性食物を煮る。
食料採集	○ 狩猟…[弓矢]で中小動物を射とめる。 ○ 漁労…釣針やもりに[骨角器]を使用，網も使用。 ○ 植物性食料の採集。
住居・集落	○ [竪穴住居]…青森県の[三内丸山]遺跡のような大規模な集落も存在。 ○ [貝塚]…モースが発見した[大森貝塚]が有名。
信仰・文化	○ [アニミズム]…あらゆる自然物などに霊威があるとする考え方。遺物として [土偶]や[石棒]が存在。 ○ [抜歯]…成人の通過儀礼。
埋葬	○ [屈葬]…死者の体を強く折り曲げて葬る。
交易	○ 遠隔地との交易…[黒曜石]やひすい（硬玉）の分布状況から判明。 ○ 外洋航海術…各地で[丸木舟]が発見されており，伊豆大島や八丈島にも縄文時代の遺跡が存在。

縄文時代のおもな遺跡

[大森貝塚]（東京都）
▶アメリカ人モースが発掘。

亀ヶ岡遺跡

[三内丸山遺跡]（青森県）
▶大規模な集落

津雲貝塚

尖石遺跡

加曽利貝塚

上野原遺跡

☑ | **重要語句**

🔴 2500年程前，農耕文化が中国大陸から朝鮮半島を経て日本列島に伝わり，九州北部で水田での米づくりが開始された。水稲農耕を基礎とした［ 01 ］が紀元前4世紀頃には西日本に成立し，東日本にも波及して日本列島の大部分で食料生産が可能になった。また，紡錘車を使用する［ 02 ］の技術や，鉄などを用いた［ 03 ］も日本列島に伝わった。この紀元前4世紀頃〜紀元後3世紀中頃の時期を**弥生時代**と呼ぶ。弥生時代前期の遺跡として，福岡県の［ 04 ］や佐賀県の［ 05 ］が有名である。土器は，貯蔵用の［ 06 ］，食物を盛る鉢や［ 07 ］，煮炊き用の［ 08 ］など，装飾が簡素で赤焼きの［ 09 ］が使われた。………………………………………

🔴 沖縄などの南西諸島では［ 10 ］，北海道では［ 11 ］と呼ばれる食料採取文化が続き，［ 01 ］は及ばなかった。………

🔴 住居は縄文時代と同様に竪穴住居が一般的であったが，平地式建物もしだいに多くなり，集落の住居数も増加した。大規模な集落の中には，防御のため深い濠や土塁をめぐらせた［ 12 ］も存在した。遺跡として，奈良県の［ 13 ］や，佐賀県の［ 14 ］が有名である。また，山上にも［ 15 ］と呼ばれる逃げ城と思わしき集落も存在した。この時代には余剰生産物をめぐる戦いが始まっていたとされる。………………

🔴 工具に磨製石器が使われたが，しだいに［ 16 ］が使用され，農具も［ 17 ］が使われていたが，弥生時代後期には［ 18 ］が普及した。水田も初めは年中帯水する［ 19 ］であったが，中・後期では灌漑や排水をおこなう［ 20 ］が開発された。収穫時は［ 21 ］を使って穂先をつみ取る［ 22 ］がおこなわれ，収穫物は床を高くした［ 23 ］などにおさめられた。……

🔴 集落では，収穫祈願の祭などに朝鮮半島の鈴に起源をもつ［ 24 ］や，**銅剣・銅矛・銅戈**などの［ 25 ］が用いられ，共通の祭器を用いる地域圏もいくつか出現していた。死者は集落近辺の共同墓地に葬られ，死者の手足を伸ばして葬る［ 26 ］が普及した。………………………………………

🖊️ 農耕文化のまとめ

中国大陸から朝鮮半島を経て西日本に農耕文化が伝来。のちに東日本にも普及。

	弥生時代前期	弥生時代中期	弥生時代後期
水田	○ [湿田]…年中帯水	○ [乾田]…灌漑施設があり，排水もおこなう。	
道具	○磨製石器をつかった農具や[木]製農具 ○ [石包丁]…穂首刈りに使用。		○ [鉄]製農具

🖊️ 弥生時代のまとめ

道具	○ [鉄製]工具…当初は磨製石器が使用されたが次第に使用される。 ○ [弥生]土器…簡素で赤焼き。[壺]，[高坏]，[甕]など。 ○ [金属器]…[青銅器]や[鉄器]を使用。
食料採集	○ [稲作]…中国より波及。西日本から東日本に。 ○北海道では[続縄文文化]，南西諸島では[貝塚文化]と呼ばれる食料採取文化が継続。
住居・集落	○住居…竪穴住居が一般的，平地式建物も増加。 ○ [環濠集落]，[高地性集落]…戦いに備えた集落。 ○ [高床倉庫]…貯蔵用の床を高くした倉庫。
信仰・文化	○農耕儀礼…[青銅祭器]を使用。
埋葬	○ [伸展葬]…死者の手足を伸ばして葬るのが一般的に。 ○墓…[甕棺墓]，[支石墓]，[方形周溝墓]，[墳丘墓]，楯築墳丘墓などが出現。 ○副葬品…中国鏡や青銅製の武器など。[身分差]の出現を示す。

🔍 弥生時代のおもな遺跡

11

⏱ 5分で流れをチェック

☑ 重要語句

● 中国の [01]（前漢）の歴史書 [02] には，日本列島の人々である [03] の社会は百余国に分かれ，[04] に定期的に使者を送っていたとある。[04] は前漢の [05] が紀元前108年に朝鮮半島においた4郡の一つである。[03] の国は**倭国**と呼ばれた。‥‥‥‥‥‥‥‥‥‥‥‥‥‥‥

● その後，[06] の歴史書 [07] には，57年に倭の [08] の使者が [06] の都 [09] を訪れ，[10] により印綬を授かったとある。また，107年に倭国王帥升等が [11]（奴隷の意味とされる）を安帝に献上したとある。使者を送る目的は，倭国内での立場を高めようとしたからと考えられる。[10] から授かったとされる「[12]」の刻印がある [13] が，1784年に現在の福岡県 [14] から偶然発見されている。‥‥‥‥

● [06] が滅び，**魏・呉・蜀**が対立する [15] となった。[16] が編纂した歴史書『**三国志**』の [17] には，倭国は2世紀の終わり頃から争乱がおこり，諸国は共同で [18] を女王とし，3世紀前半に [19] を中心とする約30国の小国連合体が生まれたとある。[18] は呪術的権威を背景に政治を行い，弟が補佐した。[06] 末期に [04] の南半が [20] となり，魏が [04] と [20] を支配した情勢に対応し，239年に [18] は魏に使者を送り，「[21]」の称号と金印などを授けられた。[18] の死後，男性の王で国内がおさまらず，[18] の同族の女性である [22]（台与）が王となり国内がおさまった。魏にかわった [23] に，266年に倭の女王が使者を送ったあと，以降約150年間は中国の史書に倭国の記録は残っていない。[19] では，支配階級の [24] と，被支配階級の [25] の身分差があった。‥‥‥‥‥‥‥‥

● 邪馬台国の所在地は主要な説が二つある。[26] では，邪馬台国は九州北部を中心とする比較的狭い範囲の勢力となる。[27] では，近畿中央部から九州北部で広域政治連合が成立していたことになり，のちの大和地方を中心とする [28] につながる。奈良県桜井市の3世紀前半頃の遺跡である [29] が，[19] との関係で注目されている。‥‥‥‥

01 漢
02 『漢書』地理志
03 倭人
04 楽浪郡
05 武帝
06 後漢
07 『後漢書』東夷伝
08 奴国
09 洛陽
10 光武帝
11 生口
12 漢委奴国王
13 金印
14 志賀島
15 三国時代
16 陳寿
17 「魏志」倭人伝
18 卑弥呼
19 邪馬台国
20 帯方郡
21 親魏倭王
22 壱与
23 晋
24 大人
25 下戸
26 九州説
27 近畿説
28 ヤマト政権
29 纒向遺跡

紀元前1世紀頃の日本

夫れ［楽浪］海中に［倭人］有り。分れて百余国と為る。歳時を以て来り献見すと云ふ。

［『漢書』地理志］

\POINT/

○ 日本人の国は［倭国］と呼ばれ，小国が分立し，前漢の楽浪郡に定期的に使者を送っていた。

1～2世紀頃の日本

建武中元二年，倭の［奴国］，貢を奉じて朝賀す。使人自ら大夫と称す。……［光武］，賜ふに印綬を以てす。
安帝の永初元年，倭の国王帥升等，［生口］百六十人を献じ，請見を願ふ。
桓霊の間，倭国大いに乱れ，更相攻伐して歴年主なし。

［『後漢書』東夷伝］

\POINT/

○ 倭の［奴国］は使者を派遣し，後漢の［光武帝］は印綬を授けた。（［漢委奴国王］と刻印されていた。）
○ 倭国王の使者が［生口］（奴隷）を献上した。

2～3世紀頃の日本

倭人は帯方の東南大海の中に在り，……倭国乱れ，相攻伐して年を歴たり。乃ち共に一女子を立てて王と為す。名を［卑弥呼］と曰ふ。鬼道を事とし，能く衆を惑はす。……男弟あり，佐けて国を治む。……景初二年六月，倭の女王，大夫難升米等を遣し郡に詣り，天子に詣りて朝献せんことを求む。……その年十二月，詔書して倭の女王に報じて曰く，「……今汝を以て［親魏倭王］と為し，金印紫綬を仮し，……」

※景初三（239）年の誤り

［「魏志」倭人伝］

\POINT/

○ 卑弥呼は239年に魏に使者を送り「［親魏倭王］」の称号と金印などを与えられた。
○ 他に法や，租税の保管倉庫の存在，大人・［下戸］の身分の存在などの記録がある。

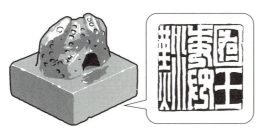

◀ 福岡県志賀島で発見された金印。
［漢委奴国王］とある。

5分で流れをチェック

◉ 3世紀中頃から後半に［01］などの古墳が西日本を中心に出現しだした。この時期に近畿中央部の勢力により政治連合の［02］が形成された。3世紀中頃～7世紀は**古墳時代**と呼ばれ，出現期の［01］では，奈良県の［03］が最大規模の古墳である。……………………………………………

◉ 古墳の種類は**円墳**や**方墳**，大規模な［01］があった。最大規模の古墳は，［04］（仁徳天皇陵古墳），第2位は［05］（応神天皇陵古墳）で，ヤマト政権の首長である［06］の墓と考えられる。後期には［07］と呼ばれる小古墳が爆発的に増加した。6世紀末～7世紀初めには［01］は造営が終わり，7世紀中頃に八角形の［08］が出現した。……………

◉ 古墳の墳丘上には［09］，中期は［10］（人物埴輪・動物埴輪など）が並び，斜面には［11］がふかれた。埋葬施設は前・中期は［12］や棺を粘土でおおう［13］などの竪穴形態であり，後期は墓室である［14］と通路となる［15］をもつ追葬可能な［16］が増加した。**副葬品**は，前期では［17］など宗教的色彩が強く，中期では武具などの割合が高まり被葬者の武人的性格が強まった。……………………

◉ 4世紀，朝鮮半島北部に領土を広げた［18］は楽浪郡を滅ぼし，朝鮮半島南部では**馬韓・弁韓・辰韓**という小国連合が形成され，それぞれ［19］・［20］・［21］となった。4世紀後半に［18］が南下すると，［20］と密接な関係のあった倭国は［18］と争った。その対立が［18］の都丸都にある［22］碑の碑文に残っている。倭人もこの戦いなどで騎馬技術を学び，古墳にも馬具が副葬されるようになった。…………

◉ 朝鮮半島南部での外交や軍事を有利にするため，5世紀初め頃から［23］（［24］・［25］・［26］・［27］・［28］）が中国の南朝に朝貢したことが［29］に残っている。［26］は允恭天皇，［27］は安康天皇に比定される。特に埼玉県［30］出土鉄剣銘と熊本県［31］出土鉄刀銘にワカタケル大王の名があり，これが倭王［28］であり，［32］だとされる。…………

01 前方後円墳
02 ヤマト政権
03 箸墓古墳
04 大仙陵古墳
05 誉田御廟山古墳
06 大王（おおきみ）
07 群集墳
08 八角墳
09 円筒埴輪
10 形象埴輪
11 葺石
12 竪穴式石室
13 粘土槨
14 玄室
15 羨道
16 横穴式石室
17 三角縁神獣鏡
18 高句麗
19 百済
20 加耶（加羅）諸国
21 新羅
22 好太王
23 倭の五王
24 讃
25 珍
26 済
27 興
28 武
29 『宋書』倭国伝
30 稲荷山古墳
31 江田船山古墳
32 雄略天皇

	特徴	代表的な古墳	副葬品・埴輪
前期 （3世紀中頃～ 4世紀後半）	○ [前方後円墳] ○ 前方後方墳，円墳，方墳など様々な形の古墳	○ [箸墓古墳]	○ 副葬品…[三角縁神獣鏡]など **司祭者的性格** ○ 埴輪…[円筒埴輪]
中期 （4世紀後半～ 5世紀末）	○ 前方後円墳が[大型化]	○ [大仙陵古墳] **日本最大の古墳**	○ 副葬品…鉄製武器や武具 **武人的性格**
後期 （6世紀～7世紀）	○ 古墳の小型化 ○ [群集墳]の出現	○ [高松塚古墳] ○ 新沢千塚古墳群	○ 埴輪…筒形や壺型などの円筒埴輪から，人物や動物の[形象埴輪]へ変化
終末期 （7世紀）	○ 八角墳の出現		

\POINT/
どちらもヤマト政権の権力が及んでいたことを示す。

[江田船山]古墳(熊本県)
▶鉄刀出土

[稲荷山]古墳(埼玉県)
▶鉄剣出土

がんと
丸都の[好太王碑]
▶倭国と高句麗の交戦の記録がある。

[高句麗]
[新羅]
倭
[百済]
[加耶]
[宋]

▲4-5世紀の東アジア

興死して弟武立つ。自ら使持節都督倭・百済・新羅・任那・加羅・秦韓・慕韓七国諸軍事安東大将軍倭国王と称す。
順帝の昇明二年，使を遣して上表して曰く，「封国は偏遠にして，藩を外に作す。昔より祖禰躬ら甲冑を擐き，山川を跋渉して寧処に遑あらず。東は毛人を征すること五十五国，西は衆夷を服すること六十六国，渡りて海北を平ぐること九十五国……」と。
[『宋書』倭国伝]

\POINT/
中国の南朝に倭の王が朝貢したことが記されている。朝鮮半島南部での外交や軍事を有利にするためと考えられる。

🔴 海を渡ってきた［ 01 ］により多様な技術や文化が伝えられ，ヤマト政権は［ 01 ］を技術者集団の韓鍛冶部・陶作部・錦織部・鞍作部などに組織した。［ 02 ］の使用が始まり，文筆などでヤマト政権を支えた**西文氏・東漢氏・秦氏**らの祖先である［ 03 ］・［ 04 ］・［ 05 ］らが渡来した説話が，『**古事記**』『**日本書紀**』（略称「記紀」）に残っている。……………………

🔴 6世紀に［ 06 ］が百済から渡来した**五経博士**により伝えられた。［ 07 ］は，**欽明天皇**の時代（『［ 08 ］』『**元興寺縁起**』では538年，『**日本書紀**』では522年），百済の［ 09 ］により仏像・経論などを伝えられたとされる。大王の系譜を中心とする伝承の「［ 10 ］」，朝廷の伝承・説話の「［ 11 ］」も，まとめられ始めたとされる。……………………

🔴 古墳時代中期初めまでは赤焼きの［ 12 ］が使用されたが，硬質で灰色の［ 13 ］も使用された。穢れをはらい災いを免れる**禊**や**祓**，裁判で手を熱湯に入れてただれるかで真偽を判断する［ 14 ］，鹿の骨を焼いて占う［ 15 ］などの呪術的風習も存在した。……………………

🔴 6世紀初めに新羅と結んだ筑紫国造磐井がおこした［ 16 ］を大王軍が制圧した。ヤマト政権は抵抗する地方豪族を従属させ，直轄領の［ 17 ］や，直轄民の［ 18 ］の部を設けた。ヤマト政権は地方豪族を［ 19 ］に任じてその地の支配権を与えるかわりに，その子女を舎人・采女として出仕させるなどヤマト政権に奉仕させた。豪族の私有地は［ 20 ］，私有民は［ 21 ］と呼ぶ。……………………

🔴 ヤマト政権は［ 22 ］を設け，豪族は血縁などをもとに構成された［ 23 ］と呼ぶ組織に編成され，ヤマト政権の職務を分担した。大王は［ 23 ］にヤマト政権内での地位を示す［ 24 ］を与えた。［ 25 ］姓・［ 26 ］姓の豪族から**大臣・大連**に任じられた者が国政にあたり，軍事・外交などの職務を代々継承する地位である［ 27 ］が，その職務に奉仕する伴やそれを支える部と呼ばれる集団を率い職務をおこなった。［ 01 ］も［ 27 ］や伴に編成され，**品部**の集団がそれを支えた。……………………

大陸文化の受容と民衆の生活まとめ

大陸から伝わった文化	○ [漢字] の使用…史部などと呼ばれる渡来人が文書作成。
	○ [儒教] …百済の五経博士によって伝えられた。
	○ [仏教] …百済の聖明王によって伝えられたとされる。
土器	○ [土師器] …弥生土器の系譜で赤焼き。
	○ [須恵器] …5世紀以降に朝鮮半島から伝来。硬質で灰色。
祭祀	○ [祈年の祭] …春に豊作を祈る。
	○ [新嘗の祭] …秋に収穫を感謝する。
呪術的風習	○ [太占の法] …鹿の骨を焼き，そのひび割れの結果で吉凶を占う。
	○ [盟神探湯] …熱湯に手を入れ，やけどの有無で真偽を判断。

ヤマト政権の支配体制のまとめ

氏姓制度		○ [氏] …血縁を中心に編成された組織。蘇我，物部，中臣，葛城など。
		○ [姓（カバネ）] …ヤマト政権より与えられる称号。[臣]，[連]，君，直など。
政治制度		○ [大臣] ○ [大連] } 政権の中枢を担当。
		○ [伴造] …伴や品部を管轄。
		○ [伴] …品部を管轄。
		○ [国造] …地方を支配。
地方支配	ヤマト政権	○ [屯倉] …ヤマト政権の直轄領。田部が耕作に従事。
		○ [名代・子代] …ヤマト政権の直轄民。
	豪族	○ [田荘] …豪族の私有地。
		○ [部曲] …豪族の私有民。

○ 6世紀初めに地方豪族の大規模な反乱（[磐井の乱]）を制圧。
○ 6世紀には地方豪族は [国造] に任じられた。

古墳時代の大きな流れ

前期（4世紀頃）	中期（5世紀頃）	後期（6世紀頃）
○ [ヤマト政権] の成立 ○ 高句麗の [好太王碑] に交戦の記録	○ [倭の五王] が中国南朝への朝貢 ○ ワカタケル大王（[雄略] 天皇）の地方支配	○ [氏姓制度] の確立
○ [前方後円墳] が出現。	○ 前方後円墳が [大型] 化。	○ 小型の [群集墳] が出現。

MY MEMO

KEYWORD
自分がまちがえやすい用語をメモしておこう！

CHAPTER 02

飛鳥時代〜奈良時代

🕐 | 5分で流れをチェック

🔴 6世紀，朝鮮半島では百済や新羅が南進して，加耶諸国を支配した。ヤマト政権の朝鮮半島への影響力は後退し，[01] は失脚した。6世紀中頃，先進文化や仏教受容の推進派である**蘇我氏**と，伝統や在来信仰重視の**物部氏**らが争った。587年に大臣 [02] が，大連 [03] を滅ぼし，さらに592年に [04] を暗殺，政治権力を握った。[04] の死後，[05] が即位した。飛鳥の地にこの頃から宮都が営まれた。………

🔴 589年，中国では [06] が南北朝を統一して国際的緊張が高まり，[02] と [07]（**聖徳太子**）らは協力して政治改革を進めた。603年に氏族ではなく個人の才能や功績に冠位を与える [08]，604年に仏教の重視や豪族たちに国家官僚としての守るべき道を示した [09] が定められた。………

🔴 中国への [10] の派遣が開始され，607年に [11] が派遣された。倭の五王の外交は中国皇帝に臣属したが，[06] へは臣属しない姿勢を示し，皇帝 [12] から無礼とされた。618年 [06] は滅んだが，次の [13] は強大な国となり，倭は630年に [14] らを [15] として派遣した。………………

🔴 7世紀前半の仏教中心の文化を [16] といい，中国の南北朝文化や，西アジア・ギリシアなど西方の文化とのつながりがみられる。豪族の権威を示すものとして古墳にかわり寺院が建立され，蘇我氏による [17]（法興寺），[07]（聖徳太子）創建とされる [18] や [19]（斑鳩寺）があった。**仏教彫刻**では，**北魏様式**で [20]（止利仏師）の作とされる金銅像の法隆寺金堂 [21] は厳しい表情，**中国南朝様式**で木造の法隆寺 [22]，中宮寺や広隆寺の [23] は柔らかい表情に特徴がある。**伽藍配置**は，はじめ仏舎利（釈迦の遺骨）を納める塔が中心で，しだいに仏像をまつる金堂が中心となった。工芸品は，法隆寺 [24] や中宮寺 [25] が有名である。………………………

🔴 暦法が百済の [26] から，彩色・紙・墨の技法が高句麗の [27] から伝わったとされる。………………

☑ | 重要語句

01 大伴金村
02 蘇我馬子
03 物部守屋
04 崇峻天皇
05 推古天皇
06 隋
07 厩戸王
08 冠位十二階
09 憲法十七条
10 遣隋使
11 小野妹子
12 煬帝
13 唐
14 犬上御田鍬
15 遣唐使
16 飛鳥文化
17 飛鳥寺
18 四天王寺
19 法隆寺
20 鞍作鳥
21 釈迦三尊像
22 百済観音像
23 半跏思惟像
24 玉虫厨子
25 天寿国繡帳
26 観勒
27 曇徴

推古朝の政策まとめ

協力者	○ 蘇我馬子と, [厩戸王]（聖徳太子）が主導。	
おもな 政策	○ [冠位十二階]…氏族ではなく, 個人の才能や功績を評価し冠位を授与。	
	○ [憲法十七条]…豪族に国家官僚としての道を示し, 仏教を政治理念として重視。	
外交	○ [遣隋使]…607年に [小野妹子] を派遣。中国皇帝に臣属しなかったので, 　　　　　隋の皇帝の [煬帝] から無礼とされる。しかし, 隋は倭に使節と 　　　　　して [裴世清] を翌年派遣し対応。	
	○ 遣隋使の同行者…[高向玄理], [南淵請安], [旻]。	

飛鳥文化のまとめ

> ○ 6世紀末〜7世紀前半の文化。[仏教] 中心。
> ○ 仏像様式は厳しい表情の [北魏様式] と柔らかい表情の [中国南朝様式] がある。

寺院		○ 飛鳥寺（法興寺）…蘇我馬子の創建。	
		○ [法隆寺]（斑鳩寺）…厩戸王（聖徳太子）の創建とされる。世界遺産。	
		○ 四天王寺…厩戸王（聖徳太子）の創建とされる。	
仏像	金銅像	○ [飛鳥寺釈迦如来像]…[鞍作鳥] の作品。[北魏] 様式。	
		○ [法隆寺金堂釈迦三尊像]…[鞍作鳥] の作品。[北魏] 様式。	
	木造	○ 法隆寺夢殿救世観音像…[北魏] 様式。	
		○ 法隆寺百済観音像…[中国南朝] 様式。	
		○ 中宮寺半跏思惟像…[中国南朝] 様式。	
		○ [広隆寺半跏思惟像]…[中国南朝] 様式。	
工芸品		○ [法隆寺玉虫厨子]	
		○ [中宮寺天寿国繡帳]	

[法隆寺金堂釈迦三尊像]

[広隆寺半跏思惟像]

[法隆寺玉虫厨子]

（いずれも模写）

5分で流れをチェック

◉ 厩戸王と蘇我馬子の没後は，蘇我馬子の子の [01]，孫の [02] が権力をふるい，643年に [02] は厩戸王の子の [03] を滅ぼした。中央集権をめざす [04] は，[05] らの協力を得て，645年に [01] と [02] を滅ぼした（**乙巳の変**）。変後，[06] が譲位し [07] が即位，皇太子に [04]，左大臣に [08]，右大臣に [09]，内臣に [05]，国博士に僧 [10] と [11] の新政権が成立，646年，公地公民制をめざす方針を示したとされる [12] が出され，地方行政組織の [13] が設置されるなど [14] の諸改革がなされた。…

◉ [07] の没後，[06] が再び飛鳥で即位（重祚），[15] となった。660年，唐が新羅と結び百済を滅ぼし（668年高句麗も滅亡），倭は旧百済勢力支援の大軍を派遣したが，663年の [16] で唐・新羅連合軍に大敗した。戦後の防衛対策で，対馬・壱岐などに**防人**と烽がおかれ，九州要地に [17] や大野城などが築かれ，対馬から大和にかけ [18] も築かれた。667年，[04] は都を [19] に移し，翌年 [20] として即位した。670年に最初の戸籍となる [21] を作成した。**近江令**を定めたともされる。…………

◉ [20] の没後，672年に [20] の子で近江朝廷を率いる [22] と，[20] の弟 [23] により皇位をめぐる [24] がおきた。勝利した [23] は673年に [25] で [26] として即位した。684年に [27] を定め豪族を天皇中心の身分秩序に編成した。銭貨の [28] も鋳造した。あとを継いだ皇后の [29] は，689年に [30] を施行，690年に戸籍である [31] を作成，694年に飛鳥から [32] に遷都した。…………

◉ 7世紀後半〜8世紀初頭の文化を [33] という。仏教が国家的に推進され，官寺の [34]（のち大安寺）や**薬師寺**が建立された。**薬師寺東塔**は白鳳様式を伝えるとされる。彫刻では [09] をとむらう [35] や，**薬師寺金堂薬師三尊像**などがある。壁画では，[36]（1949年に焼損）にインドや西域の影響が，1972年発見の [37] に中国や朝鮮半島の影響が認められる。…………

重要語句

01 蘇我蝦夷
02 蘇我入鹿
03 山背大兄王
04 中大兄皇子
05 中臣鎌足
06 皇極天皇
07 孝徳天皇
08 阿倍内麻呂
09 蘇我倉山田石川麻呂
10 旻
11 高向玄理
12 改新の詔
13 評
14 大化改新
15 斉明天皇
16 白村江の戦い
17 水城
18 朝鮮式山城
19 近江大津宮
20 天智天皇
21 庚午年籍
22 大友皇子
23 大海人皇子
24 壬申の乱
25 飛鳥浄御原宮
26 天武天皇
27 八色の姓
28 富本銭
29 持統天皇
30 飛鳥浄御原令
31 庚寅年籍
32 藤原京
33 白鳳文化
34 大官大寺
35 興福寺仏頭
36 法隆寺金堂壁画
37 高松塚古墳壁画

天皇	年代	おもなできごと
舒明	630	○ 最初の［遣唐使］として［犬上御田鍬］が派遣される。
皇極	645	○［乙巳の変］がおこり，［蘇我蝦夷・入鹿］親子が滅ぼされる。
［孝徳］	646	○［改新の詔］が出され，公地公民制への移行が示される。
斉明		
［中大兄］※	663	○［白村江］の戦いで［唐］・［新羅］の連合軍に大敗する。
［天智］	670	○ 最初の戸籍である［庚午年籍］が作成される。
	672	○ 天智天皇の後継者をめぐり，［壬申の乱］がおこる。
［天武］	684	○ 豪族の身分制度として［八色の姓］が定められる。
［持統］	689	○［飛鳥浄御原令］が施行される。
	694	○［藤原京］に遷都する。

※中大兄皇子は斉明天皇の死後，即位せずに政権を担った（称制）。

🛡 │ **白鳳文化のまとめ**

POINT （7世紀後半〜8世紀初頭の文化。初唐文化の影響を受け，仏教を基調とする。）

寺院	○［大官大寺］…のちの平城京遷都で移動し，大安寺と改称。		
	○［薬師寺東塔］…裳階つきの三重塔で白鳳様式。「凍れる音楽」の異称。		
仏像	金銅像	○ 法隆寺夢違観音像	
		○［薬師寺金堂薬師三尊像］	
		○［興福寺仏頭］…山田寺の仏像だったが，興福寺が奪取。	
工芸品	○［法隆寺金堂壁画］…インド・西域の影響。1949年に火災で焼損。これがきっかけで翌年に文化財保護法が制定。		
	○［高松塚古墳壁画］…中国・朝鮮半島の影響。男性・女性群像や四神・星宿が描かれる。		
和歌	○［柿本人麻呂］や女流歌人の［額田王］が宮廷歌人として活躍。『万葉集』に作品が残る。		

［薬師寺金堂薬師三尊像］

（いずれも模写）

［法隆寺金堂壁画］

◎ **文武天皇**の時代である701年，藤原（中臣）鎌足の子である [01] や刑部親王らにより [02] が完成した。[03] は刑罰，[04] は租税や行政組織などの規定である。718年には [01] らにより [05] がまとめられた（施行は757年）。……

◎ 中央の行政組織には最高官庁の [06] と，祭祀担当の [07] の二官がおかれ，[06] のもとに**八省**が政務をそれぞれ分担し，行政の運営は [08]（太政大臣・左大臣・右大臣など）による合議により進められた。地方の広域行政区分は全国が [09] と [10] に分けられ，その中に**国・郡・里**（里はのちに郷と改称）がおかれた。要地の難波には [11]，九州北部には西海道を統轄する [12] がおかれた。………

◎ 官庁に勤務する官吏は [13] を与えられ，[13] に対応する官職に任じられた。これを [14] という。五位以上の子，もしくは三位以上の子や孫は，その父や祖父の位階に応じて所定の [13] を与えられた。これを [15] といい，これにより貴族の家はその地位を維持できた。司法の刑罰は笞・杖・徒・流・死があり，中でも国家・天皇や尊属への罪は[16]といい重罪であった。………………………

◎ 民衆は [17] にもとづき，6歳以上を対象として [18] が班給され（女性は男性の2/3の割合），[19] を負担し，死後に [18] は回収された。これを [20] という。民衆は特産品などを中央におさめる [21]，都での労役を免除するかわりの [22]，**国司**の命令による労役である [23] も負担した。[24] もあり，国家が稲を民衆に貸し，収穫時に利息を含め回収した。兵役は [25]（成人男性）が諸国の [26] に配属され，一部は九州沿岸を防備する [27] となった。…

◎ 6年ごとに作成される基本台帳である [17] や，[21]・[22] などを徴収するため毎年作成される [28] に，民衆は登録された。身分制度により，[29] と**賤民**に分けられ，賤民は官有の陵戸・官戸・公奴婢，私有の家人・私奴婢に分けられた。これを [30] という。………………………

中央

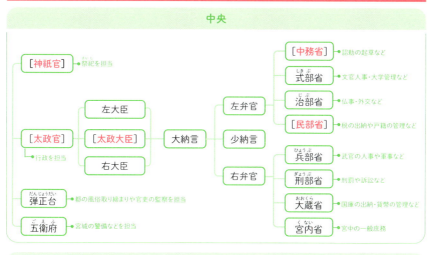

地方

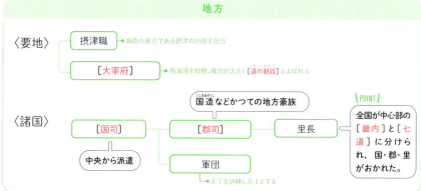

区分	負担の内容
[租]	田1段につき2束2把（約3%）の稲を納める。
[調]	郷土の特産品を納める。
[庸]	都での労役にかわり布を納める。
[雑徭]	地方で年60日以下の労役。
[運脚]	調や庸を都に運ぶ。
[兵役]	正丁を諸国の軍団や，九州の[防人]として徴発。
[出挙（公出挙）]	国家が稲を貸し，収穫時に利息とともに徴収。

⏱ | 5分で流れをチェック

◉ 唐に日本は［01］を派遣した。航路は初め朝鮮半島ぞいの［02］だったが，［03］と関係悪化し8世紀以降は東シナ海を横断する［04］となった。留学生［05］は**玄宗**に重用され客死した。894年，［06］の建議で［01］は停止された。……

◉ 676年に朝鮮半島を統一した［03］とも，日本は使節を往来させた。日本は［03］を従属国として扱おうとして両国関係は緊張したが，民間交易はさかんであった。高句麗の滅亡後，698年に中国東北部におこった［07］は唐や［03］に対抗するため，727年に日本に国交を求めた。日本も［03］との対抗関係から，［07］と友好的に通交した。……………

◉ 710年，［08］は藤原京から［09］に遷都した。のちの長岡京・平安京遷都までの時代を［10］という。［09］は唐の都［11］にならい東西南北に走る道路で区画される［12］の都市であった。中央を南北に走る［13］により東の［14］，西の［15］にわけられ，北部中央に［16］がおかれた。［14］・［15］に官営の市が設けられ［17］が監督した。708年に［18］が鋳造され，銭貨の流通をめざし711年に［19］を発したが，畿内周辺以外では稲や布など物品で交易がなされた。国家の銅銭鋳造は10世紀半ばの**村上天皇**の［20］の発行まで12回にわたり，［21］と呼ばれた。**富本銭**含め日本古代の銭貨は13種類である。…………

◉ 国司の地方統治拠点は［22］で，郡司の統治拠点は［23］であった。国司には任期があり，郡司は終身制であった。畿内から七道の［22］へ駅路が整備され，16kmごとに［24］が設けられ（駅制），公用で利用された。………………

◉ 東北地方の人びとである［25］に対し，647年に［26］が，648年に［27］が前線基地として設けられた。斉明天皇の時代，［28］が遣わされ秋田方面まで進出した。712年に日本海側に［29］がおかれ，724年に太平洋側に築かれた［30］には陸奥国府と［31］がおかれ，東北経営の拠点となった。南九州では［32］の抵抗を制し，薩摩国，［33］がおかれた。……………

☑ | 重要語句

01 遣唐使
02 北路
03 新羅
04 南路
05 阿倍仲麻呂
06 菅原道真
07 渤海
08 元明天皇
09 平城京
10 奈良時代
11 長安
12 条坊制
13 朱雀大路
14 左京
15 右京
16 平城宮
17 市司
18 和同開珎
19 蓄銭叙位令
20 乾元大宝
21 本朝（皇朝）十二銭
22 国府（国衙）
23 郡家（郡衙）
24 駅家
25 蝦夷
26 渟足柵
27 磐舟柵
28 阿倍比羅夫
29 出羽国
30 多賀城
31 鎮守府
32 隼人
33 大隅国

🔍 | 8世紀頃の外交MAP

唐	○ 630年より[遣唐使]を派遣。 ○ 航路：[北路] ➡ [南路]。
新羅	○ 676年に朝鮮半島を統一。 ○ 日本の従属国としての扱いに反発し緊張関係。 ○ 8世紀には民間交易がさかんに。
渤海	○ 698年に中国東北部で建国。 ○ 敵対的な新羅との関係を背景に，友好的に通交。

🔍 | 平城京MAP

\POINT/

○ 碁盤の目のように東西南北に走る道路で区画された[条坊制]の都市。
○ 都の中央の道路は[朱雀大路]。
○ 東の[左京]，西の[右京]で区画。

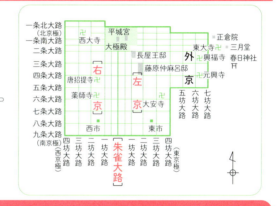

🖊 | 地方支配のまとめ

地方支配		○ 国司は[国府（国衙）]，郡司は[郡家（郡衙）]を拠点に地方を統治。 ○ 畿内から七道へ[駅路]が整備。 ○ 国府と郡家を結ぶ[伝路]も整備。
支配領域の拡大	東北	○ 東北の蝦夷に対し，647年に[渟足柵]，648年に[磐舟柵]を設置（日本海側）。 ○ 724年に[多賀城]が築かれ，鎮守府がおかれる（太平洋側）。
	南九州	○ 南九州の[隼人]の抵抗を制圧し，薩摩国，[大隅国]を設置。 ○ 種子島や屋久島も行政区画化。

10 奈良時代の政争

🕐 5分で流れをチェック

◎ [01] は娘の**宮子**を**文武天皇**に嫁がせ，その間にうまれた皇太子（のちの [02]）にも娘の**光明子**を嫁がせた。………

◎ [01] の没後，皇族の [03] が政権を握った。[02] が即位すると，[01] の子である [04]（**南家**）・[05]（**北家**）・[06]（**式家**）・[07]（**京家**）の4兄弟は，729年に [03] を策謀により自殺させた（[03] の変）。彼らは政権を握り光明子を皇后にたてたが，737年に流行した天然痘で4人とも病死した。………

◎ 次の皇族出身の [08] 政権では，唐から帰国した [09] や [10] が活躍した。740年に [11] が [09] と [10] の排除を求めて乱をおこしたが鎮圧された（[11] の乱）。その間に都は山背の [12]，のち摂津の [13]，近江の [14] に移り，再び平城京に戻った。[02] は741年に [15] を出し，諸国に [16] と [17] を建立させることにした。743年，**墾田永年私財法**が制定され，[14] で**盧舎那仏**をつくる [18] も出され大仏は [19] の本尊として鋳造された。[02] は娘の**孝謙天皇**に譲位，のちの752年に [20] の儀式が盛大におこなわれた。………

◎ 続いて [21] が光明皇太后の信任を得て権力を握った。[08] の子である [22] は [21] を倒そうとしたが，逆に滅ぼされた（[22] の変）。[21] は**淳仁天皇**を擁立して即位させ，[23] の名を賜り，権力を独占して大師（太政大臣）となった。[21] の後ろ盾の光明皇太后が死去後，僧の [24] を寵愛した孝謙太上天皇は淳仁天皇と対立した。危機感を感じた [21] は764年に挙兵したが滅ぼされた（[23] の乱）。淳仁天皇は淡路に配流され，孝謙太上天皇は重祚して [25] となった。………

◎ [24] は**太政大臣禅師**，さらに [26] となった。769年に [25] が [24] に皇位をゆずろうとしたが，[27] らがこれを阻止した（[28] 事件）。翌年に [25] が亡くなると，[24] は [29] の別当として追放され死去した。………

☑️ 重要語句

01 藤原不比等
02 聖武天皇
03 長屋王
04 武智麻呂
05 房前
06 宇合
07 麻呂
08 橘諸兄
09 吉備真備
10 玄昉
11 藤原広嗣
12 恭仁京
13 難波宮
14 紫香楽宮
15 国分寺建立の詔
16 国分寺
17 国分尼寺
18 大仏造立の詔
19 東大寺
20 大仏開眼供養
21 藤原仲麻呂
22 橘奈良麻呂
23 恵美押勝
24 道鏡
25 称徳天皇
26 法王
27 和気清麻呂
28 宇佐八幡神託
29 下野薬師寺

天皇	政権	年	おもなできごと
文武	[藤原不比等]	701	○ [大宝律令] が完成。
元明		710	○ [平城京] 遷都。
元正	[長屋王]	722	○ 百万町歩の開墾計画。
		723	○ [三世一身法]…開墾地の期限付きの私有を許可。
[聖武]	藤原4兄弟	729	○ [長屋王の変]…藤原4兄弟により長屋王が自害。 ○ 光明子を立后。
		737	○ 藤原4兄弟が天然痘の流行で全員病死。
	[橘諸兄]	740	○ [藤原広嗣の乱]…[吉備真備],[玄昉] の排除を要求。 ➡聖武天皇は数年間にわたり遷都を実施。 （平城京→恭仁京→難波宮→紫香楽宮→平城京）
		741	○ [国分寺建立の詔]…国分寺，国分尼寺を諸国に。
		743	○ [墾田永年私財法]…開墾地の永久私有を許可。 ○ [大仏造立の詔]…紫香楽宮で発布。
孝謙		752	○ [大仏開眼供養]
	[藤原仲麻呂]	757	○ 養老律令の施行…718年には完成。 ○ [橘奈良麻呂の変]…橘諸兄の子によるもの。
淳仁		764	○ [恵美押勝の乱]…藤原仲麻呂によるもの。
[称徳]	[道鏡]	769	○ [宇佐八幡神託事件]…道鏡への譲位を阻止。
[光仁]	藤原百川ら	770	○ 道鏡左遷…[下野薬師寺] の別当として追放。

POINT [聖武天皇] の仏教政策…鎮護国家の思想から国家の安定をはかった。

政策

○ [国分寺建立の詔]…741年，国ごとに国分寺と国分尼寺を建立させた。

（天平十三年三月）……僧寺には必ず廿僧有らしめ，其の寺の名を金光明四天王護国之寺と為し，尼寺には一十尼ありて，其の寺の名を法華滅罪之寺と為し……。 （『続日本紀』）

史料の「天平十三年」は，741年のこと。「僧寺」と「金光明四天王護国之寺」は，[国分寺] のこと。「尼寺」と「法華滅罪之寺」は，[国分尼寺] のこと。

○ [大仏造立の詔]…743年に [紫香楽宮] で盧舎那仏の大仏造立を宣言。都が平城京に戻ると，大仏は東大寺の本尊として鋳造。

○ [大仏開眼供養]…752年に行われた東大寺の大仏に目を書き入れる儀式。聖武太上天皇，孝謙天皇，光明皇太后などのほか，1万人の僧が参列し，盛大に実施。

5分で流れをチェック

🔴 8世紀には，竪穴住居にかわり，平地式の [01] が西日本から普及した。結婚は男性が女性の家に通う [02] に始まり，結婚後も夫婦別姓で自分の財産をもった。農民は口分田以外に，公の田である**乗田**や寺社・貴族の土地を借りて耕作した。その収穫の2割を地子としておさめる [03] などの負担もあり，生活は圧迫された。万葉歌人である [04] による [05] は，農民への共感からつくられたとされる。………

🔴 [06] 天皇や [07] 政権の時代の722年，口分田不足などの対策で，農民に食料・道具を支給する [08] が立てられた。723年には新たな灌漑施設による未開地の開墾では三世に，旧来の灌漑施設による開墾では本人一代に田地保有を認める [09] も施行されたが，効果はあがらなかった。…

🔴 [10] 天皇や [11] 政権の時代の743年，身分に応じた面積制限はあるが，開墾した田地（[12]）の永年私有を保障する [13] が制定された。[12] は租をおさめるべき [14] であるが，律令体制の土地公有の原則をやぶる法でもあり，貴族・寺院や地方豪族らは大規模な開発や，[12] を買い集めて私有地を拡大した。この土地支配のことは [15]，奈良時代〜平安時代前期のものは [16] と呼ばれる。東大寺などは，国司や [17] の協力のもと，農民・[18] らに灌漑施設をつくらせ，大規模に開墾した。………………

🔴 [19] が権力を握り，寺院を除く開墾が禁止されたが，失脚後は再び認められた。国司・[17] の地方統治に依存した [16] は独自の**荘民**を持たず，[17] の弱体化で衰退した。…

🔴 農民の階層化が進み，貧困化した農民の中には戸籍の地を離れて [20] したり，都の工事現場などから [21] して地方豪族などに身を寄せるものも増えた。有力農民も経営拡大のため [18] になる，勝手に僧侶になる（[22]）など，脱税をはかった。戸籍上で女性と偽る [23] も増えた。戸籍・計帳は実情から離れ，班田収授制の実施なども難しくなり，国家の財政・軍制に大きな影響が生じた。………………

☑ 重要語句

01 掘立柱住居
02 妻問婚
03 賃租
04 山上憶良
05 貧窮問答歌
06 元正
07 長屋王
08 百万町歩の開墾計画
09 三世一身法
10 聖武
11 橘諸兄
12 墾田
13 墾田永年私財法
14 輸租田
15 荘園
16 初期荘園
17 郡司
18 浮浪人
19 道鏡
20 浮浪
21 逃亡
22 私度僧
23 偽籍

長屋王政権

POINT 人口増加による口分田不足や税の増収をはかる。

[百万町歩の開墾計画] （722年）	○ 農民に食料や道具を支給し，開墾させる計画。 ○ 成果なし
[三世一身法] （723年）	○ 新たな灌漑施設を設置して未開地を開墾すれば，租をおさめる輸租田になるが，三代までその開墾地の私有を許可。 ○ 旧来の灌漑施設を使用しての開墾は，本人一代のみ私有許可

（養老七年四月）……「其の新たに溝池を造り，開墾を営む者有らば，多少を限らず，給ひて[三世]に伝へしめん。若し旧き溝池を逐はば，其の[一身]に給せん」と。　　（『続日本紀』）

> 史料の「若し旧き溝池を逐はば」は，既存の溝や池を利用し開墾した場合のこと。

橘諸兄政権

POINT 三世一身法では収公前後に墾田が荒廃したので，土地支配の強化をはかる。

[墾田永年私財法] （743年）	○ 開墾地の永年私有を保障 ○ 身分に応じて墾田の面積制限あり ○ 開墾地は[輸租田]（納税義務あり）

（天平十五年五月）……「聞くならく，墾田は養老七年の格に依りて，限満つる後，例に依りて収授す。是に由りて農夫怠倦して，開ける地復た荒る，と。今より以後，任に私財と為し，三世一身を論ずること無く，咸悉くに永年取る莫れ。……　　（『続日本紀』）

> 史料の「養老七年の格」は，[三世一身法]のこと。

[初期荘園]の成立（8〜9世紀）

POINT ○ 貴族・寺院や地方豪族が私有地を拡大。
○ 国司や郡司の協力により，農民や浮浪人らで開墾実施。

初期荘園の衰退

○ 独自の荘民をもたず国司・郡司の地方統治に依存したので，律令制の衰退と一緒に衰退。

◎ 奈良時代の唐文化の影響が強く国際色豊かで，平城京中心の貴族文化を [01] という。官吏養成の教育機関として，中央に [02] が，地方に [03] がおかれた。歴史書では漢字の音訓を用いて日本語を表記した推古天皇までの物語『[04]』がある。これは天武天皇が [05] によみならわせた「帝紀」「旧辞」を [06]（安麻呂）が筆録したものである。『[07]』は舎人親王らで編纂された**編年体**の漢文史書である。朝廷では平安時代までに**六国史**と称される『[07]』『[08]』『[09]』『[10]』『[11]』『[12]』の漢文正史が編纂された。地誌の [13] は常陸・**出雲**（完本）・播磨・豊後・肥前のみ現存となる。⋯⋯⋯⋯⋯⋯⋯⋯⋯⋯⋯

◎ 漢詩は現存最古の『[14]』が編纂され，文人 [15] は図書館にあたる [16] を開放した。和歌では**万葉仮名**で記された『[17]』に [18] や**東歌**などの収録がある。⋯⋯⋯⋯

◎ 仏教で国家安定をはかる [19] の思想により，仏教は国家に保護された。仏教理論の研究で [20]（**三論・成実・法相・俱舎・華厳・律**）の学派が形成された。政府は [21] などで仏教を統制し民間布教を制限，[22] は民衆布教で弾圧されたが，のち [23] になり東大寺大仏造営にも協力した。また，正式な僧侶になる**戒律**のあり方を [24] が唐より渡来して伝え，のちに**唐招提寺**を開いた。光明皇后は信仰により平城京に孤児・病人を収容する [25]，医療施設の [26] を設けた。⋯⋯⋯⋯⋯⋯⋯⋯⋯⋯⋯⋯⋯⋯⋯

◎ 彫刻では木を芯として粘土を塗り固める [27]，原型に麻布を漆で塗り固める [28] の技法があり，東大寺法華堂には [27] の [29] や執金剛神像，[28] の [30] がある。⋯⋯⋯⋯⋯⋯⋯⋯⋯⋯⋯⋯⋯⋯⋯⋯⋯⋯⋯⋯⋯⋯⋯⋯⋯

◎ 絵画では正倉院 [31] や薬師寺 [32] が代表的。工芸品では称徳天皇がおさめた，年代確かな現存最古の印刷物とされる [33] がある。また，正倉院宝物も有名で，聖武太上天皇の遺品などがあり，楽器の [34] が有名である。⋯⋯

POINT 唐文化の影響が強く国際色豊か。平城京中心の貴族文化。

国史と文学	国史	○ [古事記]…天武天皇が[稗田阿礼]によみならわせた帝紀・旧辞を，[太安万侶(安麻呂)]が筆録したもの。
		○ [日本書紀]…舎人親王らによる漢文史書。年代順となる[編年体]の形式。六国史([日本書紀]・[続日本紀]・[日本後紀]・[続日本後紀]・[日本文徳天皇実録]・[日本三代実録])の一つ。
	地誌	○ [風土記]…各国の地誌。常陸・出雲・播磨・豊後・肥前のみ現存。完全な形で残っているのは[出雲]のみ。
	漢詩	○ [懐風藻]…現存最古の日本の漢詩集。
	和歌	○ [万葉集]…天皇から農民まである和歌の歌集。東歌・防人歌も収録。
教育	教育機関	○ [大学]…中央の教育機関。入学は貴族の子弟らが優先。
		○ [国学]…地方の教育機関。入学は郡司の子弟らが優先。
	その他	○ [芸亭]…日本最初の公開図書館。漢詩文の文人[石上宅嗣]により学問する人に開放。
仏教	学派	○ [南都六宗]…三論宗・成実宗・法相宗・倶舎宗・華厳宗・律宗
	僧	○ [行基]…僧尼令違反で弾圧されたが，のち[大僧正]になり東大寺の大仏造立に協力。
		○ [鑑真]…唐の僧。[戒律]を伝えるため渡来。東大寺に[戒壇]を設置。[唐招提寺]も開く。
仏像	[塑像]	○ [東大寺法華堂日光・月光菩薩像] ○ [東大寺法華堂執金剛神像]
	[乾漆像]	○ [東大寺法華堂不空羂索観音像] ○ [興福寺阿修羅像]…三面六臂(3つの顔と6本の腕)の像。
建築	寺院	[唐招提寺金堂]，[東大寺法華堂]，[東大寺正倉院宝庫]など。
美術	絵画	○ [正倉院鳥毛立女屏風]…樹下美人図。鳥の羽毛が貼付されていた。
		○ [薬師寺吉祥天像]…麻布に描かれる。唐の影響。
		○ [過去現在絵因果経]…釈迦の一生を描いている。絵巻物の源流。
	工芸品	○ [正倉院螺鈿紫檀五絃琵琶]…正倉院宝物の楽器。異国風の図柄。
		○ [百万塔陀羅尼]…[称徳天皇]が作らせた小型の木造の百万塔に収納の経典。現存最古の印刷物。

MY MEMO

KEYWORD

自分がまちがえやすい用語をメモしておこう！

CHAPTER **03**

平安時代

5分で流れをチェック

重要語句

◉ 光仁天皇のあと［ 01 ］が即位，784年平城京から［ 02 ］に遷都した。だが［ 02 ］造営を主導していた［ 03 ］が暗殺されると，794年**平安京**に遷都し，山背国を［ 04 ］国と改称した。以後，鎌倉幕府が開かれるまでの時代を［ 05 ］という。……

◉ ［ 01 ］は**令外官**（令に定めのない官職）である［ 06 ］を設け，国司交代の引継ぎ文書である［ 07 ］の審査をおこなわせ，交代を監督させた。792年に辺境以外の軍団と兵士を廃止，郡司の子弟などによる少数精鋭の［ 08 ］を採用したが，十分な成果は上がらなかった。805年，［ 09 ］が「［ 10 ］（蝦夷との戦いと平安京造営）」は民衆への負担だと批判，その継続を主張する［ 11 ］との間で［ 12 ］がおこなわれ，［ 01 ］は二大政策停止を決定した。…………………

◉ ［ 01 ］のあと，平城天皇，ついで［ 13 ］が即位した。810年［ 13 ］は兄の［ 14 ］と対立し，勝利した。［ 14 ］の寵愛を受けた［ 15 ］は自殺，その兄の［ 16 ］は射殺された。これを［ 17 ］（**薬子の変**）という。この時，［ 13 ］は天皇の命令をすみやかに太政官に伝えるために，令外官として［ 18 ］を設けて［ 19 ］らを任命した。その役所を［ 20 ］という。また，平安京の警察に当たる令外官，［ 21 ］も設けた。法整備では律令制定後の法令を，律令規定を補足修正する［ 22 ］，施行細則の［ 23 ］に分類編集し［ 24 ］が編纂され，のちに［ 25 ］，［ 26 ］も編纂された（**三大格式**）。…………

◉ 780年に［ 27 ］の乱がおこり，789年には蝦夷の［ 28 ］に政府軍は大敗した。**征夷大将軍**の［ 29 ］は802年に［ 30 ］を築き，［ 28 ］を屈服させ**鎮守府**を多賀城から［ 30 ］に移し，翌年さらに北方に［ 31 ］を築いた。…………………

◉ 8世紀後半〜9世紀，班田収授が困難になり，［ 01 ］は班田期間を6年から12年（一紀）1班にしたが効果はなかった。823年大宰府に［ 32 ］を，879年畿内に［ 33 ］を設け，直営方式で財源確保につとめた。中央各官庁はそれぞれ諸司田をもち，天皇も［ 34 ］をもった。…………………

01 桓武天皇
02 長岡京
03 藤原種継
04 山城
05 平安時代
06 勘解由使
07 解由状
08 健児
09 藤原緒嗣
10 軍事と造作
11 菅野真道
12 徳政相論
13 嵯峨天皇
14 平城太上天皇
15 藤原薬子
16 藤原仲成
17 平城太上天皇の変
18 蔵人頭
19 藤原冬嗣
20 蔵人所
21 検非違使
22 格
23 式
24 弘仁格式
25 貞観格式
26 延喜格式
27 伊治呰麻呂
28 阿弖流為
29 坂上田村麻呂
30 胆沢城
31 志波城
32 公営田
33 官田
34 勅旨田

天皇	年	おもなできごと
光仁	780	○ 伊治呰麻呂の乱…蝦夷の首長の反乱。
[桓武]	784	○ [長岡京] 遷都➡主導していた [藤原種継] が翌年に暗殺。
	792	○ [健児] の制…東北・九州などを除く軍団廃止，郡司の子弟を採用。
	794	○ [平安京] 遷都
	797頃	○ [勘解由使] 設置…国司の交代の監督，[解由状] を審査。
	802	○ [坂上田村麻呂] が [胆沢城] を築造，[阿弓流為] を屈服させ，多賀城から [胆沢城] に鎮守府を移す。➡翌年 [志波城] も築造。
	805	○ [徳政相論]…[藤原緒嗣] と菅野真道による論争。➡軍事・造作の停止。
平城		○ [藤原薬子] を寵愛・その兄 [藤原仲成]（式家）を重用。
[嵯峨]	810	○ 蔵人所設置…[蔵人頭] に [藤原冬嗣] を任命。[平城太上天皇の変（薬子の変）]…嵯峨天皇と平城太上天皇の対立。➡嵯峨天皇が勝利，藤原薬子は自害，藤原仲成は射殺。
	811	○ 征夷大将軍 [文室綿麻呂] により蝦夷平定。
	816頃	○ [検非違使] の設置…平安京の警察にあたる。
	820	○ [弘仁格式] の完成…三大格式の一つ。

🔍 | 平安京MAP

POINT
- 唐の都 [長安] がモデル。
- 中央に [朱雀大路]
- 西の [右京]…早くにさびれる。
- 東の [左京]…繁栄

🔍 | 東北地方の城柵MAP

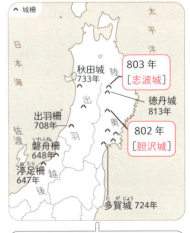

POINT
- 征夷大将軍…[坂上田村麻呂]
  - ➡[胆沢城]（鎮守府）と [志波城] を築造。
  - ➡蝦夷の首長 [阿弓流為] を屈服させる。
- 征夷大将軍…[文室綿麻呂]
  - ➡蝦夷を平定，のちに徳丹城も築造。

🕐 5分で流れをチェック

平安遷都～9世紀末頃の貴族中心の文化を [01] と呼び,文芸を国家の中心におく文章経国の思想が広まった。**嵯峨天皇**は唐風を重視,漢文学では『[02]』・『[03]』・『[04]』の勅撰漢詩集が順に編まれ,菅原道真の『菅家文草』も著された。貴族は大学で学ぶ一族子弟のための寄宿舎 [05] を設けた。和気氏の [06],藤原氏の [07],在原氏や皇族の [08],橘氏の [09] などがある。……………

平安京に奈良の大寺院は移転されず,経典から学び悟りを開こうとする南都六宗などの [10] に対し,秘密の呪法の伝授・習得で悟りを開こうとする**密教**がさかんになった。[11] は唐から帰国後に [12] を開き,**比叡山** [13] は平安京の王城鎮護の寺院とされた。弟子の [14] や [15] が本格的に密教を取り入れ,[16] と呼ばれた。[14] が入唐し帰国するまでの記録が『[17]』である。……………

[18] は儒教・仏教・道教における仏教の優位を『三教指帰』で著し,唐から帰国後に紀伊の**高野山**に [19] を建て,[20] を開いた。[20] は [16] に対して [21] と呼ばれる。嵯峨天皇から賜った平安京の [22] （**東寺**）は密教の根本道場になった。[18] は庶民教育のための [23] も創設した。[18] の詩文集『[24] （遍照発揮性霊集）』も残っている。[12] も [20] も,皇族や貴族に支持された。……………

神社境内の [25] 建立や神前読経など,仏と神は同一だとする [26] 思想が広まり,山岳修行で呪力を体得する [27] もはじまった。……………

密教芸術が発展し,建築では [28] が自由な伽藍配置で建てられた。彫刻では観心寺 [29] が代表的で,元興寺 [30] や神護寺 [30] など一木から一体の仏像を彫りおこす [31] の技法が発達した。絵画では [32] （黄不動）が描かれ,神護寺 [33] や教王護国寺 [33] など密教の世界観を表す [34] が発達した。書道では [35] と称される嵯峨天皇・[18]・**橘逸勢**らの能書家が出た。……………

☑ 重要語句

POINT ┤ 平安京の貴族中心の文化。

文学	史書	○ [類聚国史] …菅原道真による史書。
	漢詩	○ [凌雲集] …最初の勅撰漢詩文集。嵯峨天皇の勅。
		○ [文華秀麗集] …二つ目の勅撰漢詩文集。嵯峨天皇の勅。
		○ [経国集] …三つ目の勅撰漢詩文集。淳和天皇の勅。
		○ [性霊集] … [空海] の詩や書簡を弟子が編纂。
	説話	○ 日本霊異記…現存する日本最古の仏教説話集。
教育		○ [大学別曹] … [弘文院] （和気氏）, [勧学院] （藤原氏）, [奨学院] （在原氏ら）, [学館院] （橘氏）など。
		○ [綜芸種智院] … [空海] が創設した庶民教育の学校。
宗教	天台宗 （ [台密] ）	○ 開祖… [最澄]　○ 拠点… [比叡山延暦寺]
		○ [円仁] 派…比叡山延暦寺が拠点。入唐日記の [入唐求法巡礼行記] 。 ○ [円珍] 派… [園城寺（三井寺）] が拠点。
	真言宗 （ [東密] ）	○ 開祖… [空海]　○ 拠点… [高野山金剛峰寺] [教王護国寺] （東寺）　密教の根本道場に。
その他 思想		○ [神仏習合] …仏教と神道の融合。神と仏は同一とする思想。神宮寺や神前読経が広まる。
		○ [修験道] …山岳信仰と山林修行が結びつく。
寺院		○ 自由な伽藍配置の [室生寺] など。
仏像		○ [観心寺如意輪観音像]　○ [元興寺薬師如来像] ○ [神護寺薬師如来像]　○ [薬師寺僧形八幡神像]　[一木造] の技法が発達。
美術	絵画	○ [神護寺両界曼荼羅]　　仏教の金剛界と胎蔵界の構図を図化し, 密教 ○ [教王護国寺両界曼荼羅]　の世界観を表す [曼荼羅] 。
		○ [園城寺不動明王像] …黄不動とも呼ばれる仏教画。
	書道	○ [風信帖] …空海が最澄に送った書状。
		○ 三筆…3人の能書家, [嵯峨天皇], [空海], [橘逸勢] のこと。

39

15 摂関政治の確立

◉ 嵯峨天皇の時代, **藤原氏** [01] の [02] が蔵人頭になり, 天皇家と姻戚関係も結んだ。その子の [03] は842年の [04] で**伴（大伴）健岑**や [05] らを退け, 858年には清和天皇を即位させ臣下ではじめて**摂政**（幼少の天皇の政務代行役）となり, 866年の [06]（大納言の [07] が応天門に放火し, 左大臣の [08] に罪をおわせようとした事件）で伴氏と紀氏を没落させた。………………………………

◉ [03] の地位を継いだ [09] は, 884年に光孝天皇を擁立し**関白**（天皇の後見役）となった。[09] は**宇多天皇**の勅書は自分を実職がともなわない職への任命するものだとして抗議し, 888年にこれを撤回させた。この [10] により, [09] は関白の政治的地位を確立した。[09] 死後, [11] は [12] を左大臣, [13] を右大臣としたが, [12] の策謀で [13] は大宰権帥に左遷された。………………………………

◉ [11] の時代, [14] の荘園整理令が出され, 六国史の最後『[15]』, 法典『[16]』などが編まれた。つぎの朱雀天皇の時代は [17] が摂政・関白をつとめたが, そのつぎの [18] は本朝（皇朝）十二銭の最後の [19] を発行するなど, [11] と [18] の時代にほぼ摂政・関白はおかれず親政がおこなわれたので, この時代は [20] と呼ばれた。969年に左大臣の [21] が**源満仲**らの密告により左遷される [22] がおこると, その後はほぼ摂政か関白がおかれた。…………

◉ 摂関政治の時代, [23] は4人の娘を中宮（皇后）や皇太子妃として権力を握り, ついで [24] は3代の天皇の摂政・関白をつとめた。摂関政治下も政治運営は天皇が太政官を通じておこない, 公卿が政務を審議した。………………

◉ 894年に [13] は遣唐使の派遣を必要ないとし, 派遣は停止された。907年唐が滅んだ後, 中国を再統一した [25] と国交を開かなかったが, 九州で [25] の商人と貿易はおこなわれた。10世紀前半, 中国東北部では [26]（遼）が**渤海**を滅ぼし, 朝鮮半島では [27] が**新羅**を滅ぼした。……

重要語句

01 北家
02 藤原冬嗣
03 藤原良房
04 承和の変
05 橘逸勢
06 応天門の変
07 伴善男
08 源信
09 藤原基経
10 阿衡の紛議
11 醍醐天皇
12 藤原時平
13 菅原道真
14 延喜
15 日本三代実録
16 延喜格式
17 藤原忠平
18 村上天皇
19 乾元大宝
20 延喜・天暦の治
21 源高明
22 安和の変
23 藤原道長
24 藤原頼通
25 宋（北宋）
26 契丹
27 高麗

摂関政治の確立までの流れまとめ

○ [藤原冬嗣]…藤原氏北家。嵯峨天皇より蔵人頭に任命される。天皇家と姻戚関係。

○ [藤原良房]…藤原冬嗣の子。臣下ではじめて摂政となる。

[承和の変]（842年）	伴（大伴）健岑や [橘逸勢] を謀叛の企てがあるとし配流。
[応天門の変]（866年）	[伴善男] が応天門に放火，源信に罪をおわせようとした事件。発覚後，伴氏と紀氏が没落。

○ [藤原基経]…はじめて関白となる。
→ [阿衡の紛議]（888年）…前年に出した宇多天皇の勅書を撤回させる。

○ [藤原時平]…左大臣。
→右大臣 [菅原道真] を大宰府に左遷。

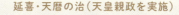 **延喜・天暦の治（天皇親政を実施）**

○ [醍醐天皇]… [延喜の荘園整理令] 発布
　　　　　　　　　　（最初の荘園整理令）
○ [村上天皇]… [乾元大宝] 鋳造
　　　　　　　　　　（最後の本朝十二銭）

○ 藤原忠平…朱雀天皇の摂政・関白。

○ [安和の変]（969年）…藤原氏による他氏排斥事件の最後。[源満仲]らの密告で，左大臣[源高明]が失脚。以後，ほぼ常に摂政と関白が置かれる。

■[摂関家]内での勢力争い
・藤原兼通・藤原兼家の兄弟の争い，藤原道長・藤原伊周の叔父・甥の争い

○ [藤原道長]…4人の娘を皇后や皇太子妃とする。約30年間，権力を握る。
○ [藤原頼通]…道長の子。約50年間，摂政・関白をつとめる。親子で摂関政治の最盛期。

 10世紀頃の国際関係のまとめ

中国	○ 遣唐使の停止（894年）… [菅原道真] の建議。
	○ 唐滅亡（907年）→ 中国は五代十国時代。
	○ [宋] 建国（960年）…国交なし・民間交易あり。
朝鮮	○ [高麗] 建国（918年）→ のち新羅を滅亡させる。
	○ 朝鮮半島統一後も国交なし・民間交易あり。
中国東北部	○ 渤海滅亡（926年）… [契丹]（遼）による。
	○ のち契丹支配地域の女真人が [刀伊の入寇]（1019年）をおこす。

▲ 10～11世紀ごろの東アジア

5分で流れをチェック

🔴 10 ～ 11世紀の日本の風土にあわせた貴族文化を [01] という。[02] が発達し，貴族は公の場で漢字を，日常で [02] を広く用いた。[02] には万葉がなの草書体を簡略化した [03]，漢字の一部分をとった [04] があり，国文学が発達した。和歌では [05] の勅で905年，[06] らにより最初の勅撰和歌集『[07]』が編まれた。紫式部の長編小説『[08]』，清少納言の随筆『[09]』が有名である。…………

🔴 仏教では，阿弥陀仏を信仰して来世で極楽浄土に往生することを願う [10] が流行した。10世紀半ばに市聖と呼ばれた [11] が京でこれを説き，[12]（恵心僧都）は地獄の恐怖や極楽往生の教えを説く『[13]』を著すなどし，[10] は庶民にまで広まった。[10] は釈迦の死後に [14]・[15] ののちに [16] が到来するという終末思想の [17] でより強められた。当時，1052年から [16] の世とされ，来世で救われたい願望のもと，慶滋保胤『[18]』などの往生伝が著された。…………

🔴 [10] の影響により，藤原道長は阿弥陀堂を中心とした [19] を建立，藤原頼通は [20] を建立した。[20] の本尊である阿弥陀如来像をつくった [21] は，一木造にかわり，仏像の身体を部分ごとにわけてつくる [22] の手法を完成した。往生する人を迎える仏の来臨を描く [23] もつくられた。………

🔴 神仏習合も進み，仏は神の姿を借りてこの世に出現するという [24] が生まれた。怨霊などをまつり災厄から逃れる [25] により，北野天満宮や祇園社などで [26] がもよおされた。……

🔴 貴族の住宅は開放的な [27] で，襖（障子）などに日本の風物を題材とする [28] が描かれた。書道では唐風に対し優美な線を表す [29] が発達，[30] と称される**小野道風・藤原佐理・藤原行成**の名手が出た。貴族の正装は，男性は [31] や略式の [32]，女性は [33]（十二単）であった。陰陽道もさかんで，[34] と称してひきこもったり，[35] により凶の方角を避けるなどした。……………

✓ 重要語句

01 国風文化
02 かな文字
03 平がな
04 片かな
05 醍醐天皇
06 紀貫之
07 古今和歌集
08 源氏物語
09 枕草子
10 浄土教
11 空也
12 源信
13 往生要集
14 正法
15 像法
16 末法
17 末法思想
18 日本往生極楽記
19 法成寺
20 平等院鳳凰堂
21 定朝
22 寄木造
23 来迎図
24 本地垂迹説
25 御霊信仰
26 御霊会
27 寝殿造
28 大和絵
29 和様
30 三跡（蹟）
31 束帯
32 衣冠
33 女房装束
34 物忌
35 方違

国風文化のまとめ

POINT 10 〜 11世紀の平安京を中心とした貴族文化。風土にあわせた工夫がある。

文学	和歌	○ [古今和歌集]…最初の勅撰和歌集。[醍醐天皇] の勅。紀貫之らにより編纂。
	随筆	○ [枕草子]…皇后定子に仕えた [清少納言] による宮廷生活の随筆集。
	日記	○ [土佐日記]… [紀貫之] による最初のかな日記。
	物語	○ [源氏物語]… [紫式部] による，光源氏を主人公とする長編小説。
		○ [伊勢物語]…主人公は在原業平をモデルとする。
宗教・思想	[浄土教]	○ [空也]…10世紀半ば，京の市で浄土教を説き，市聖と呼ばれた。
		○ [源信]…念仏による極楽往生の方法を示す『[往生要集]』を著した。（恵心僧都）「[それ往生極楽の教行は，濁世末代の目足なり。]…」
		○ [慶滋保胤]…往生したとされる人達の伝記『[日本往生極楽記]』を著した。
		○ [末法思想]…終末思想。釈迦の死後を [正法]・[像法]・[末法] に区分。1052年から [末法]。
	○ [本地垂迹説]…神仏習合の考えで，仏は神の姿を借りてこの世に現れたものであり，仏が真実の身（本地）で，神が仮の身（垂迹）とする思想。	
寺院	○ [法成寺]…藤原道長が建立。阿弥陀堂を中心とする。	
	○ [平等院鳳凰堂]…	藤原頼通が建立。阿弥陀堂の代表的遺構。本尊の平等院鳳凰堂阿弥陀如来像は [定朝] により [寄木造] の技法でつくられた。この技法は，従来の [一木造] に対し，2材以上の木材を用い，多くの工人で部位を作成して完成させる手法。
絵画	○ [大和絵]…日本の風物を題材に，障子などに描かれた。[巨勢金岡] が有名。	
	○ [来迎図]…往生しようとする人の臨終を迎える仏の来臨する様を描いた絵。	
書道	○唐風の書に対し，優美な [和様] が発達。藤原佐理の『[離洛帖]』が有名。○ [三跡]…3人の能書家，[小野道風]・[藤原佐理]・[藤原行成] のこと。	
貴族の生活	正装	○男性は [束帯] や略式の [衣冠]，女性は [女房装束]。
	成人の儀式	○男性は [元服]，女性は [裳着] の式。
	風習	○ [物忌]，[方違] など。

◉ [01] の時代の902年，[02] を出すなどしたが，戸籍・計帳の制度は崩れ徴税できず，914年の [03] の**意見封事十二箇条**でも地方の混乱が指摘された。これに対し政府は国司の最上席者でのちの [04] に大きな権限を与えた。……

◉ 田地は**名**に編成され，耕作の請負人は [05] と呼ばれた。[04] は有力農民 [06] に，[05] として耕作を任せ，租・庸・調相当の [07] と，雑徭相当の [08] を課した。こうして律令体制の原則は崩れ，大規模経営する [09] も出現した。現地に国司として赴任せず収入のみ受け取る [10] もあった。……

◉ [04] は課税率を決定できたので，[11] で暴政を訴えられた**藤原元命**のようなものもいた。また，私財で朝廷儀式の運営などをおこない任官してもらう [12] や，再任してもらう [13] もしばしばおこなわれた。11世紀後半には [04] も任国におもむかず，代役の [14] を**留守所**（[04] が赴任しない国衙）に派遣し，[14] がその国の有力者の [15] を指揮して政治をおこなわせた。……

◉ 11世紀，[09] らの中に一定の領域を開発する [16] が現れた。その中には所領の税負担を逃れるために中央の権力者に所領を寄進し，自身は預所や下司など荘園の [17] になるものもいた。寄進を受けた荘園領主は [18] と呼ばれ，この荘園がさらに上級権力者に寄進された場合，その上級領主は [19] と呼ばれた。この荘園を [20] という。また，[21]（[07] や [08] の免除）を承認される荘園もあり，**検田使**などを立入りさせない [22] の特権を得る荘園も増えた。

◉ [23] が**大江匡房**らを登用し国政改革した。1069年に [24] を出し，公定升（[25]）も制定した。[26] を設け，摂関家の荘園も例外とせず基準外の荘園を停止し，土地が**荘園**と**公領（国衙領）**で明確になり，[27] が成立した。公領は**郡・郷・保**に再編され，[28]（米など）・[29]（特産品など）・[30]（労役）が領主におさめられた。……

01 醍醐天皇
02 延喜の荘園整理令
03 三善清行
04 受領
05 負名
06 田堵
07 官物
08 臨時雑役
09 大名田堵
10 遙任
11 尾張国郡司百姓等解
12 成功
13 重任
14 目代
15 在庁官人
16 開発領主
17 荘官
18 領家
19 本家
20 寄進地系荘園
21 不輸
22 不入
23 後三条天皇
24 延久の荘園整理令
25 宣旨升
26 記録荘園券契所（記録所）
27 荘園公領制
28 年貢
29 公事
30 夫役

44

律令制のいきづまり（10世紀初頭）

POINT 🖌 ○ 浮浪・逃亡・偽籍が横行し，公地公民制がいきづまる。
→ 朝廷…財政難に。
→ 初期荘園…律令制に依存していたため衰退。

［負名体制］（10世紀～）

POINT 🖌 ○ 戸籍を基礎にして成人男性を中心に課税する律令体制から，［名］という土地を基礎に徴税するしくみに。

任国に赴任する最上位の国司。大きな権限を与えられた。 → ［受領］

有力農民。耕作・納税を請け負う。 → ［田堵（負名）］

耕作

［名］

［荘園公領制］（11世紀～）

POINT 🖌 ○ 荘園整理によって，［公領（国衙領）］と［荘園］が明確になり，並立する体制に。

朝廷

国司

目代 ← 国司の代わりに現地に派遣。

在庁官人 ← 土地の有力者の世襲。

公領（国衙領）

［郡司］・［郷司］・［保司］

［名主］・百姓（田堵）

下人・所従

荘園

［本家］※
↑ 寄進
［領家］※

→ ［寄進地系荘園］とよばれる。
※どちらかが本所となる。

↑ 寄進
［開発領主］ → ［開発領主］が有力者に［寄進］し成長。

預所 ← 上級荘官

下司・公文 ← 下級荘官

○ ［田堵］が権利を強めて［名主］に。
○ ［年貢］［公事］［夫役］などを領主におさめる。

🔴 9世紀末から, 土着した国司の子孫などが勢力拡大などで武装して争いとなり, その鎮圧のため**押領使・追捕使**に任じられた中・下級貴族の中には現地に残り**武士**となるものがいた。彼らは [01] などの一族や [02] などの従者を率い戦った。……………………………………………………

🔴 **桓武平氏**である [03] は国司と争い939年に反乱に発展([03] の乱), 下総を根拠地に常陸・下野・上野の国府を落とし東国の大半を占領, [04] を称し独立を宣言した。しかし東国武士で父の平国香を殺された [05] と押領使で俵藤太とも呼ばれる [06] らにより討たれた。同時期, もと伊予国司の [07] も瀬戸内海の海賊を率いて反乱をおこした([07] の乱)。大宰府などを落としたが, 追捕使の [08] や**清和源氏**の祖である [09] らに討たれた。これらをあわせて [10] と呼ぶ。……………………………………………………

🔴 武士の実力を知った朝廷や貴族は彼らを侍とし, 9世紀末に宮中警備として [11] を設けるなどした。なかでも安和の変で密告をして藤原氏に接近した [12] や, 子の**源頼光**, [13] 兄弟は摂関家への奉仕により保護を受けた。1019年には, 女真人である [14] が九州北部を襲ったが, 武士が撃退している([15])。……………………………………………………

🔴 **武士団**が成長し, 清和源氏や桓武平氏は [16] と仰がれ, 地方武士団を組織した軍事貴族の [17] を形成した。1028年から上総で [18] がおこり, [13] が乱を鎮圧して源氏の東国進出のきっかけにした。また, 1051年に [19] がおこった。これは陸奥北部で豪族 [20] 氏が国司と争っていたが, [21]([13] の子)・[22] 親子が出羽の豪族 [23] 氏の助力のもと, [20] 氏を滅ぼした戦いである。そのあと, 1083年から [24] がおこった。これは陸奥・出羽で大きな勢力となった [23] 氏に内紛がおき, そこに [22] が介入, [25] を助けて内紛を制圧した戦いである。のち奥羽地方では, 陸奥の [26] を根拠地として, [25] の子孫である [27] の支配が続いた。……………………………………………………

武士団の構造

主人を中心に，血縁関係のある
[家子]や，[郎党]などの
従者を率いて[武士団]を形成。

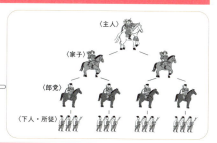

〈主人〉
〈家子〉
〈郎党〉
〈下人・所従〉

源氏と平氏の系図

〈源氏の系図〉

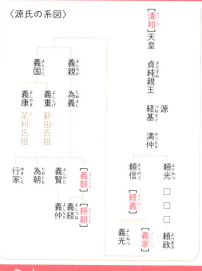

[清和]天皇
貞純親王
源
経基
満仲
頼信　頼光
　　　□
　　　□
頼義　□
　　　頼政
[義家]
義光

義国　義親
義康　義重　為義
足利氏祖　新田氏祖
行家　為朝　義朝
義賢　[義朝]
義仲　義経　[頼朝]
義光

〈平氏の系図〉

[桓武]天皇
葛原
親王
□
高望王
平
国香　貞盛
良将　[将門]
□　忠常
□
□

正盛
忠盛
正
忠度　教盛　経盛　[清盛]
敦盛　宗盛　重盛
知盛　重衡
徳子　維盛
（高倉中宮・安徳母）

10〜11世紀の武士の反乱まとめ

反乱	年代	内容
[平将門の乱]	939〜940年	○ 下総を本拠地に，常陸・上野・下野を攻略。[新皇]を称する。 ○ [平貞盛]，押領使[藤原秀郷]により鎮圧。
[藤原純友の乱]	939〜941年	○ もと伊予国司の反乱。伊予の国府や大宰府を攻略。 ○ 追捕使[小野好古]，清和源氏の祖[源経基]により鎮圧。
[平忠常の乱]	1028〜1031年	○ 房総半島でおこった反乱を[源頼信]が鎮圧。
[前九年合戦]	1051〜1062年	○ 陸奥の豪族[安倍]氏の反乱。 ○ [源頼義]・[源義家]親子により鎮圧。
[後三年合戦]	1083〜1087年	○ 陸奥の豪族[清原]氏の内紛に，[源義家]が介入。 ○ [藤原（清原）清衡]を助け，内紛制圧。源氏が武家の棟梁の地位を確立。

MY MEMO

KEYWORD

自分がまちがえやすい用語をメモしておこう!

- [ ]
- [ ]
- [ ]
- [ ]
- [ ]
- [ ]
- [ ]
- [ ]

CHAPTER 04

院政〜鎌倉時代

19 院政の開始

🕐 5分で流れをチェック

◎ 後三条天皇のあと，[01] 天皇が親政をおこなったが，1086年に幼少の [02] 天皇に譲位し，自身は上皇（**院**）として天皇を後見，治天の君として政治の実権を握る [03] が始まった。[01] 上皇は院の御所に [04] を組織して軍事力をもった。……………………………………………

◎ [03] では，院の家政機関である [05] から下される文書の [06] や，院の命令を伝える [07] が国政一般に効力をもった。上皇の側近のことを [08] といい，[05] の職員は [09] といった。[03] は [01] 上皇・[10] 上皇・[11] 上皇と続き，実権を行使し，摂関家を圧倒した。……………

◎ [01] 上皇は仏教を厚く信仰して，出家して [12] となり，[13]（[14]・尊勝寺・最勝寺・円勝寺・成勝寺・延勝寺）など多くの大寺院を造営し，しばしば紀伊熊野三山へ参詣する [15] や金剛峰寺へ参詣する [16] をおこなった。……………

◎ [10] 上皇の時代，院の周辺などに荘園の寄進が集中した。鎌倉時代末期の**大覚寺統**の経済基盤となった [17]（[10] 上皇が皇女に伝えた荘園群）や**持明院統**の経済基盤となった [18]（[11] 上皇が寄進した荘園群）など，上皇は多くの荘園を近親の女性に与えたり，寺院に寄進したりした。また，上級貴族に [19] として行政など一国の支配権を与え，収益を取得させる [20] 制度が広まった。上皇自身が国の収益を握る [21] の制度も広まった。………………

◎ 大寺院では下級僧侶が武装して [22] となった。**興福寺**の [22] は [23] と呼ばれ**春日神社**の榊をささげて，**延暦寺**の [22] は [24] と呼ばれ**日吉神社**の神輿をかついで，朝廷に要求を通そうと [25] した。興福寺・延暦寺をそれぞれ [26]・[27] というが，朝廷はこの対応に武士を当たらせ，武士の中央政界進出のきっかけにもなった。地方では陸奥の [28] を根拠地として [29] が支配を奥羽全域に広げた。**奥州藤原氏**は [29]・[30]・[31] の3代100年にわたり，京都文化の移入や北方との交易などにより繁栄した。………

☑ 重要語句

01 白河
02 堀河
03 院政
04 北面の武士
05 院庁
06 院庁下文
07 院宣
08 院近臣
09 院司
10 鳥羽
11 後白河
12 法皇
13 六勝寺
14 法勝寺
15 熊野詣
16 高野詣
17 八条院領
18 長講堂領
19 知行国主
20 知行国
21 院分国
22 僧兵
23 奈良法師
24 山法師
25 強訴
26 南都
27 北嶺
28 平泉
29 藤原清衡
30 藤原基衡
31 藤原秀衡

🖊 院政期の流れまとめ

天皇	院政	年代	おもなできごと
堀河	［白河］	1086	○ ［白河］上皇による院政がはじまる。 院の軍事力として［北面の武士］を組織。
鳥羽			
崇徳	［鳥羽］		
近衛			
後白河		1156	○ 天皇と上皇の争いから［保元の乱］がおこる。
二条	［後白河］	1159	○ 院近臣間の対立から［平治の乱］がおこる。
六条		1167	○ 平清盛が［太政大臣］となる。

🖊 知行国制度

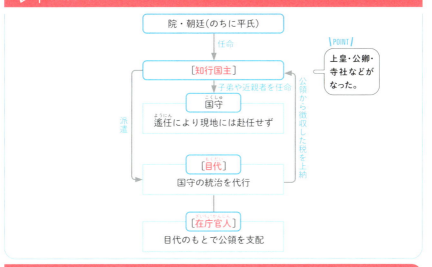

院・朝廷（のちに平氏）

任命

［知行国主］

\POINT/
上皇・公卿・寺社などがなった。

子弟や近親者を任命

国守
遙任により現地には赴任せず

派遣

公領から徴収した税を上納

［目代］
国守の統治を代行

［在庁官人］
目代のもとで公領を支配

🖊 大寺院の強訴

	寺院	僧兵
［南都］	［興福寺］（奈良）	［奈良法師］
［北嶺］	［延暦寺］（比叡山）	［山法師］

この対応に武士が当たった。

5分で流れをチェック

伊勢などに土着した［01］が勢力を増し，［02］は源義家の子の源義親を討伐し，［03］は瀬戸内海の海賊を平定し鳥羽上皇の信任で殿上人となった。……………

1156年の［04］では，［05］天皇と［06］上皇の争いと，摂関家（天皇方：**藤原忠通**，上皇方：**藤原頼長**）の争いが結びつき，源氏（天皇方：［07］，上皇方：**源為義**）と平氏（天皇方：［08］，上皇方：**平忠正**）も分かれて戦い，天皇方が勝利した。また1159年の［09］では，［08］と結んだ［10］（信西）と，［07］と結んだ**藤原信頼**が戦い，［08］は［07］らを滅ぼし，［07］の子の**源頼朝**を伊豆に流した。…………

［09］後，［08］は蓮華王院の造営などをおこない，1167年［11］となった。平氏は日本全国の約半分の知行国や多数の荘園や，摂津の［12］を修築するなどして推進した［13］との［14］の利潤を経済基盤とした。大陸からは宋銭など輸入した。［08］は娘である［15］（建礼門院）を［16］の中宮に入れ，その息子の［17］を即位させ天皇の**外戚**となった。1177年に［18］と僧［19］らによる平氏打倒計画が失敗した事件の［20］がおこり，［08］は1179年に［05］法皇を鳥羽殿に幽閉した。………………

院政期の文化では武士や庶民らの影響があり，［05］上皇は民間の流行歌の［21］を集めた『［22］』を編んだ。『［23］』のようなインド・中国・日本の説話集，平将門の乱を描いた『［24］』や前九年合戦を描いた『［25］』などの軍記物語，世継物語ともいわれる『［26］』などの和文体の歴史物語があった。**絵巻物**では源氏物語を絵巻物にした『［27］』，応天門の変を描いた『［28］』，聖の生き方などを描いた『［29］』，動物を擬人化した『［30］』などがある。『［31］』の下絵には民衆の生活が描かれている。……………

奥州藤原氏による平泉の［32］，陸奥の［33］，九州豊後の［34］などの阿弥陀堂が浄土思想の全国への広がりを物語っている。安芸の厳島神社には『［35］』が［08］により奉納された。………………

重要語句

| 保元の乱のまとめ

POINT 鳥羽法皇死後の，天皇家や摂関家内の権力争い。源平の武士も動員。

	勝利	関係	敗北
天皇家	[後白河天皇]	弟と兄	[崇徳上皇]➡配流
摂関家	[藤原忠通]（関白）	兄と弟	藤原頼長（左大臣）➡死亡
平氏	[平清盛]	甥と叔父	平忠正➡斬首
源氏	[源義朝]	子と父	源為義➡斬首

| 平治の乱のまとめ

POINT 後白河法皇の院近臣の対立。戦後，平清盛の権力が急激に上昇。

	勝利	敗北
院近臣（藤原氏）	[藤原通憲]（信西）➡自害	[藤原信頼]➡斬首
武士	平氏…[平清盛]，平重盛	源氏…[源義朝]➡家臣に謀殺 源頼朝➡[伊豆]へ配流

| 院政期の文化のまとめ

文学	説話集	○ [今昔物語集]…日本・中国・インドの説話集。
	歴史物語	○ [大鏡]…老人が当時のことを回想する形式の歴史物語。 ○ 今鏡
	軍記物語	○ 将門記…平将門の乱を描く。 ○ [陸奥話記]…前九年合戦を描く。
	歌謡集	○ [梁塵秘抄]…後白河法皇が流行歌謡の[今様]を集成。
絵画	絵巻物	○ 源氏物語絵巻…源氏物語を絵巻物にして表現。 ○ [伴大納言絵巻]…応天門の変を描写。 ○ [信貴山縁起絵巻]…聖の生き方などを描写。 ○ [鳥獣戯画]…動物を擬人化して世相を風刺。
	大和絵	○ 扇面古写経…扇に庶民の生活がしのばれる大和絵。
建築	寺院	○ [中尊寺金色堂]…奥州藤原氏により平泉に建てられた阿弥陀堂。 ○ [富貴寺大堂]…九州豊後に建てられた阿弥陀堂。 ○ 白水阿弥陀堂…陸奥に建てられた阿弥陀堂。

🔴 後白河法皇の皇子［01］は1180年に平氏打倒を呼びかける令旨を発して**源頼政**と挙兵した。伊豆に配流された［02］、木曽の［03］なども挙兵した（［04］の始まり）。対して平氏は［05］へ遷都（約半年で京都に還都）し、**平重衡**が反平氏の興福寺のある南都を焼打ちするなどした。……

🔴 1181年の平清盛の死去や養和の飢饉もあり、1183年には平氏は都落ちして［03］が入京した。鎌倉を拠点とした［02］は、［06］により後白河法皇から東海・東山両道の東国の支配権の承認を獲得、1184年に弟の［07］・［08］を派遣して［03］を滅ぼし、1184年の一の谷の合戦、1185年には屋島の合戦を経て、［09］で平氏も滅ぼした。…………

🔴 平氏滅亡後の1185年、後白河法皇が［08］に［02］の追討を命じると、［02］は軍勢でせまり、諸国に［10］を、荘園や公領に［11］を任命する権利、段別5升の兵粮米を徴収する権利などを獲得した。これで西国にも支配権がおよび、武家政権の**鎌倉幕府**が確立した。［02］は1189年に［08］をかくまったとして［12］を滅ぼした。1190年には［02］は上洛して［13］となり、1192年には［14］となった。この幕府成立から滅亡までを**鎌倉時代**と呼ぶ。…………

🔴 鎌倉幕府には中央機関として、御家人を組織・統制する［15］（初代別当：［16］）、一般政務や財政を担当する［17］（はじめ［18］）（初代別当：［19］）、訴訟や裁判を担当する［20］（初代執事：［21］）がおかれた。地方では各国に［10］がおかれ、［22］（［23］の催促、［24］、［25］）や、在庁官人に［26］（土地台帳）を作らせることもおこなった。［11］は年貢の徴収や治安維持などを任務とした。…………

🔴 幕府の基礎には将軍と御家人の主従関係があった。［02］が御家人に対し、［11］に任命して所領支配を保障する**本領安堵**や所領を与える**新恩給与**といった［27］に対し、御家人は軍役や［23］・鎌倉番役などの［28］をおこなった（**封建制度**）。…………

年	平氏の動向	皇族・源氏の動向
1177		○ ［鹿ヶ谷の陰謀］（平家打倒の失敗）
1179	○ ［後白河法皇］を幽閉し院政停止	
1180		○ ［以仁王］の平氏打倒の令旨，挙兵
	○ ［福原京］に遷都（約半年で京に戻る）	
		○ 源頼朝，源義仲が挙兵
	○ ［平重衡］により南都焼打ち	
1181	○ 平清盛死去・養和の飢饉	
1183		○ ［倶利伽羅峠の戦い］で源義仲が勝利
	○ 安徳天皇とともに平氏が都落ち	○ 源義仲が入京
1184		○ ［源範頼・義経］らが源義仲を滅ぼす
		○ ［一の谷の合戦］（摂津）で源氏の勝利
1185		○ ［屋島の合戦］（讃岐）で源氏の勝利
	○ 平氏滅亡	○ ［壇の浦の戦い］（長門）で源氏の勝利

鎌倉幕府の職制（設立時）

\POINT/
〈中央〉鎌倉には武士の統率のため，3つの機関を設置。

将軍

- ［侍所］ → 軍事・警察・御家人統率
- ［公文所］ → 一般政務・財政 — 1191年より［政所］
- ［問注所］ → 訴訟・裁判事務

\POINT/
〈地方〉要地に奉行をおき，諸国に守護と地頭を配置。

- 京都守護 → 京都の警備
- 鎮西奉行 → 九州御家人の統率
- 奥州総奉行 → 奥州御家人の統率
- ［守護］ → 各国の御家人統率。［大犯三カ条］の実施
- ［地頭］ → 各地の［荘園］や［公領］の治安維持・管理

鎌倉幕府の財政基盤

将軍の知行国	○ ［関東御分国］（関東知行国）
将軍の荘園	○ ［関東御領］…［平家没官領］が主体

22 　承久の乱と執権政治の確立

🕐 ｜ **5分で流れをチェック**

☑ ｜ **重要語句**

◉ 源頼朝死後は有力御家人ら13名の合議制となった。**北条政子**の父である［ 01 ］は，2代将軍［ 02 ］を廃し，3代将軍［ 03 ］を擁立し実権を握った。**政所別当**である［ 01 ］は**執権**と呼ばれ，それを継承した［ 04 ］は1213年の**和田合戦**で［ 05 ］を滅ぼして政所別当と**侍所別当**を兼任した。1219年に［ 03 ］が［ 02 ］の遺児［ 06 ］に暗殺され，のちに摂関家の［ 07 ］を4代将軍とし，［ 08 ］も5代将軍となった。これを［ 09 ］（藤原将軍）という。……………………

◉ ［ 10 ］を設置し軍事力強化に努めていた［ 11 ］は，［ 03 ］暗殺をきっかけに，1221年に［ 04 ］追討の兵をあげたが，幕府が圧勝した（［ 12 ］）。幕府は没収した領地に［ 13 ］を任命し，得分の基準として［ 14 ］を定めた。また［ 15 ］（初代：［ 16 ］・**北条時房**）が設置され，朝廷監視や尾張（のち三河）以西の西国を統轄させた。院政は継続したが，幕府と朝廷の二元支配は崩れた。……………………

◉ 3代執権［ 16 ］は，1225年に執権を補佐する［ 17 ］を設け，重要政務などを合議する［ 18 ］を選定し，執権・［ 17 ］・［ 18 ］の合議政治をおこなった。1232年には，頼朝以来の**先例**や**道理**による最初の武家法である［ 19 ］（**貞永式目**）を制定，のちに追加された個別法令は**式目追加**と呼ばれた。朝廷では**公家法**が，荘園では**本所法**が効力を発揮した。5代執権［ 20 ］は，1247年に［ 21 ］で［ 22 ］を滅ぼし，1249年には裁判の公正迅速化のため御家人の訴訟を専門に担当する［ 23 ］を設置して**引付衆**を任命した。また［ 24 ］を6代将軍に迎え，［ 25 ］の初めとした。……………………

◉ この時代の武士の一族は血縁的統制のもと，宗家の首長である［ 26 ］（**家督**）がほかの［ 27 ］を統制する［ 28 ］をとり，所領相続は女性も含めた**分割相続**を原則とした。**騎射三物**（［ 29 ］・［ 30 ］・［ 31 ］）などで訓練した。武士の土地支配の拡大に対し，荘園領主は荘園管理を任せて年貢納入だけを請け負わせる［ 32 ］の契約を結んだり，土地を折半して相互の土地に干渉させない［ 33 ］をしたりした。……………………

01	北条時政
02	源頼家
03	源実朝
04	北条義時
05	和田義盛
06	公暁
07	藤原頼経
08	藤原頼嗣
09	摂家将軍
10	西面の武士
11	後鳥羽上皇
12	承久の乱
13	新補地頭
14	新補率法
15	六波羅探題
16	北条泰時
17	連署
18	評定衆
19	御成敗式目
20	北条時頼
21	宝治合戦
22	三浦泰村
23	引付
24	宗尊親王
25	皇族将軍
26	惣領
27	庶子
28	惣領制
29	犬追物
30	笠懸
31	流鏑馬
32	地頭請所
33	下地中分

執権	年	おもなできごと
初代 ［北条時政］	1203	○ 将軍源頼家の後見である［比企能員］を討つ。 ➡将軍に源実朝就任，時政が［政所別当］就任。
2代 ［北条義時］	1213	○ 和田合戦…［和田義盛］敗死➡義時が政所別当と［侍所別当］を兼任。
	1221	○ 承久の乱…北条政子の呼びかけなどもあり，幕府方勝利。 ➡仲恭天皇の廃位，［後鳥羽上皇］(隠岐へ)・［土御門上皇］(土佐，のち阿波へ)・［順徳上皇］(佐渡へ)の配流。 ➡京都守護にかわり［六波羅探題］設置。 ➡［新補地頭］任命，［新補率法］で給与保障。
3代 ［北条泰時］	1225	○ ［連署］(執権補佐，初代：北条時房)設置。 ○ ［評定衆］(重要政務の合議など)設置。
	1232	○ ［御成敗式目］制定…頼朝以来の先例・道理が基準。
5代 ［北条時頼］	1247	○ ［宝治合戦］…北条氏の最大対抗勢力であった［三浦泰村］の敗死。
	1249	○ ［引付］設置・［引付衆］任命…裁判の公正迅速化が目的。

🛡 | 下地中分・地頭請（所）のまとめ

水田　領家分　地頭分　南

水田

一本杉

東　西

牧
(馬野)　地頭分　水田
領家分　地頭分

領家分

牧(馬野)

● 執権・連署の花押　北

▲伯耆国東郷荘の下地中分図

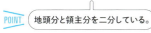

POINT　地頭分と領主分を二分している。

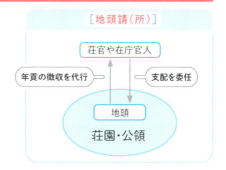

［地頭請（所）］

荘官や在庁官人

年貢の徴収を代行　支配を委任

地頭

荘園・公領

［下地中分］

地頭と領主で土地を分割

地頭　荘官や
在庁官人

荘園・公領

5分で流れをチェック

🔴 13世紀初めにモンゴル族を統一した ［ 01 ］ が大帝国を築き，孫の ［ 02 ］ は1271年に国号を**元**，都を**大都**とした。高麗は元に服属したが，8代執権 ［ 03 ］ は元の朝貢要求を拒否した。元は1274年に対馬・壱岐を攻め，博多湾に上陸し九州の御家人が応戦した。日本軍は元軍の戦法に苦戦したが，元軍側も損害が大きく撤退した。これを ［ 04 ］ という。…

🔴 再来に備え，幕府は九州の要地を警備する ［ 05 ］ を強化し，博多湾沿いに ［ 06 ］ （**石築地**）を構築した。元は1279年に ［ 07 ］ を滅ぼし，1281年には約14万の大軍で ［ 08 ］・［ 09 ］ の二手にわかれて来襲した。しかし元は博多湾岸へ容易に上陸できず，暴風雨により撤退した。これを ［ 10 ］ といい，2度の元の襲来を ［ 11 ］ （**元寇**）という。……………

🔴 幕府は全国の荘園・公領の武士を動員する権利を朝廷より獲得し，九州に ［ 12 ］ を設けて九州地方を管轄した。北条氏嫡流当主である ［ 13 ］ の地位が強大となり，その家臣の ［ 14 ］ と御家人の対立が激化した。9代執権 ［ 15 ］ の時代の1285年に ［ 16 ］ がおこり，［ 17 ］ （［ 14 ］ の中心人物）の ［ 18 ］ が有力御家人である ［ 19 ］ を滅ぼした。［ 13 ］ や ［ 14 ］ が実権を握り，全国の守護や地頭の多くは北条一門のものとなるなど，［ 20 ］ がおこなわれた。……………

🔴 御家人は ［ 11 ］ で十分な恩賞を得られず，所領も分割相続で細分化された。死後に惣領へ返却する本人一代限りの相続（［ 21 ］）も女性への相続などでみられた。幕府は1297年に ［ 22 ］ を発布し，売却や質入れした所領を無償で取り戻させるなどしたが，効果は一時的だった。……………

🔴 南の**琉球**では首長の ［ 23 ］ が ［ 24 ］ を拠点に勢力拡大し，［ 25 ］ （北山）・［ 26 ］・［ 27 ］ （南山）に統合された。北の**蝦夷ヶ島**では7〜13世紀頃に ［ 28 ］ という鉄器文化が展開された。13世紀には ［ 29 ］ の文化が生まれ，津軽の ［ 30 ］ を拠点とした ［ 31 ］ とも交易をした。……………

［高麗］
▶元に服属。

［元］
▶モンゴル帝国5代皇帝の
［フビライ＝ハン］は国号
を中国風の［元］に改め、
南宋や高麗を圧迫。

○1274年［文永の役］
○1281年［弘安の役］

［南宋］
▶1279年に元に
より滅ぼされる。

│ **鎌倉幕府職制（得宗専制政治の頃）**

［寄合］→ 北条氏の私邸で重要事項を決定

［得　宗］　　　［内管領］　　　［御内人］

→北条氏宗家の長。　　→御内人の代表　　→得宗の家臣
　実質的な最高権力者

任命・兼任　　　　　　　侍所頭人（次官）などを兼任

将　軍　　　執　権　　　　侍　所　→軍事・警察・御家人統率

→実権はなし　→将軍を補佐

〈中央〉　　　［連　署］　　　政　所　→一般政務・財務

　　　　　→執権を補佐

　　　　　［評定衆］　　　問注所　→金融問題などの訴訟を担当

　　　　　→評定会議に参加　引付衆　→所領に関する訴訟を担当
　　　　　　する有力御家人

〈地方〉　　　六波羅探題

　　　　　　　長門探題

　　　　　　　鎮西探題

　　　　　　　奥州総奉行

　　　　　は承久の乱以降に設置　　守　護

　　　　　は元寇後設置　　　　　　地　頭

24 鎌倉時代の仏教

5分で流れをチェック

◎ 鎌倉時代に仏教は庶民も対象とした。源平争乱の頃に[01]は，人間は阿弥陀仏を信じてひたすら「南無阿弥陀仏」の念仏をとなえれば，極楽浄土へ平等に往生できるという教え（[02]）を説き，これは[03]と呼ばれた。[01]は『[04]』を著したが，旧仏教側に迫害され土佐に流された。[01]の弟子の[05]は[06]を説き，人間は等しく悪人であり，その自覚により煩悩の深いものが救いの対象だとした。これは[07]（一向宗）と呼ばれた。[05]により『[08]』が著され，弟子の唯円により『[09]』が著された。遅れてでてきた[10]の[11]は善悪や信心も関係なくただ念仏をとなえれば良いとし，鼓などにあわせた[12]によって，各地を遊行して布教した。……………………………………………

◎ [13]は，「南無妙法蓮華経」の[14]をとなえることでのみ救われると説き，『[15]』で国難を予言した。この[16]（法華宗）は他宗を非難し，幕府に迫害された。………………

◎ [17]は，宋に渡り，坐禅による鍛錬で釈迦の境地に至る教えである禅宗を日本に伝え，『[18]』を著し，[19]の開祖とされた。[19]では坐禅と，師からもらう問題を解決する[20]により悟りをめざした。幕府は[19]を保護し，南宋から僧をまねいた。北条時頼の帰依を受けた[21]が[22]を，北条時宗がまねいた[23]が[24]を開いた。さらにひたすら坐禅をおこなう[25]での悟りを説いた[26]の[27]も現れた。[26]は『[28]』を著している。………

◎ 旧仏教では，[01]を批判した法相宗の[29]（解脱）や華厳宗の[30]（高弁）は戒律の復興につとめた。律宗の[31]（思円）と[32]（良観）は社会事業に力を入れ，特に[32]は病人救済施設である[33]を建てた。…………

◎ 伊勢外宮の[34]は，神仏習合において[35]（度会神道）と呼ばれる独自の神道理論を形成し，『類聚神祇本源』を著して，本地垂迹説とは逆の[36]をとなえた。……………

重要語句

01 法然
02 専修念仏
03 浄土宗
04 選択本願念仏集
05 親鸞
06 悪人正機
07 浄土真宗
08 教行信証
09 歎異抄
10 時宗
11 一遍
12 踊念仏
13 日蓮
14 題目
15 立正安国論
16 日蓮宗
17 栄西
18 興禅護国論
19 臨済宗
20 公案問答
21 蘭溪道隆
22 建長寺
23 無学祖元
24 円覚寺
25 只管打坐
26 道元
27 曹洞宗
28 正法眼蔵
29 貞慶
30 明恵
31 叡尊
32 忍性
33 北山十八間戸
34 度会家行
35 伊勢神道
36 神本仏迹説

■新仏教 ── 浄土宗・浄土真宗・時宗は念仏，日蓮宗は題目，臨済宗・曹洞宗は坐禅を重視

宗派	開祖	主要著書など	中心寺院	教義など
［浄土宗］	［法然］	［選択本願念仏集］	知恩院	○ ［専修念仏］で平等に極楽浄土へ往生
［浄土真宗］ （一向宗）	［親鸞］	［教行信証］ ［歎異抄］（唯円）	本願寺	○ ［悪人正機］説
［時宗］	［一遍］	一遍上人語録 （弟子が編集）	清浄光寺	○ 善悪関係なく念仏のみ ○ ［踊念仏］で布教
［日蓮宗］ （法華宗）	［日蓮］	［立正安国論］	久遠寺	○ ［題目］（南無妙法蓮華経）での救済
［臨済宗］	［栄西］	［興禅護国論］	建仁寺	○ 幕府より保護 ○ 課題を解決する［公案問答］で悟り
［曹洞宗］	［道元］	［正法眼蔵］	永平寺	○ ひたすら坐禅する［只管打坐］で悟り

■南宋より渡来した臨済宗の僧

［蘭渓道隆］	○ 北条時頼の帰依を受けて［建長寺］を開く
［無学祖元］	○ 北条時宗の保護で［円覚寺］を開く

■旧仏教 ── 戒律を尊重。

宗派	［法相宗］	［華厳宗］	［律宗］	
僧	貞慶（解脱）	明恵（高弁）	叡尊（思円）	［忍性］（良観）

病人救済施設の［北山十八間戸］を建てる。

思想	内容
［本地垂迹説］	神は仏が神の姿を借りてこの世に現れたもので，仏が真実の身（本地）で，神が仮の身（垂迹）とする思想。
［神本仏迹説］	仏は神が仏の姿を借りてこの世に現れたもので，神が真実の身（本地）で，仏が仮の身（垂迹）とする思想。［度会家行］がとなえる。

［伊勢神道］を形成し，確立をはかった。

25 鎌倉文化

◉ 鎌倉時代，公家の伝統文化を継承し，武士や庶民にも支持される文化が成長した。和歌では，[01]の命で『[02]』が**藤原定家・家隆**らにより編纂された。鎌倉幕府3代将軍[03]の歌集『[04]』や，**西行**の歌集『[05]』も残っている。随筆では，**鴨長明**『[06]』，**兼好法師**『[07]』などがある。歴史書では，『水鏡』や天台座主の[08]により道理の観念で歴史を解釈した『[09]』が著された。編年体で幕府の歴史が書かれた『[10]』，[11]による日本仏教史『[12]』なども残されている。『**保元物語**』や『**平治物語**』などの軍記物語もこの時代の特色で，平氏の興亡が主題である『[13]』が傑作として残り，[14]が**平曲**（『[13]』を琵琶の伴奏で語ること）で文字を読めない人も楽しませた。⋯⋯⋯⋯

◉ 学問では，朝廷の儀式作法や先例を研究する[15]もおこなわれた。また[16]は武蔵の金沢に和漢の書籍を集めた[17]を設けた。宋の**朱熹**により大成された[18]（朱子学）も伝えられた。⋯⋯⋯⋯⋯⋯⋯⋯⋯⋯⋯⋯⋯⋯

◉ 建築では，[19]が源平の争乱で焼失した寺の再建資金を集める勧進上人となり，宋人[20]の協力で東大寺再建をおこない，[21]で大陸的雄大さを特色とした[22]の建築様式を採用した。細かな部材の組み合わせの美が特色の[23]（唐様）も**円覚寺舎利殿**で採用された。[24]（蓮華王院本堂）などの**和様**もあった。⋯⋯⋯⋯⋯⋯⋯

◉ 彫刻では，奈良仏師である[25]や**快慶**らの[26]や，康勝の[27]がある。刀剣では，備前の[28]らが現れた。陶器では，尾張の[29]などが発展した。⋯⋯⋯⋯⋯⋯⋯

◉ 絵画では，写実的な肖像を描く[30]が発達し，藤原隆信らが名手であった。[31]という禅宗僧侶の肖像画も描かれた。絵巻物は最盛期を迎え，[32]が自身の蒙古襲来時の活躍を描かせた『[33]』や『**平治物語絵巻**』『**春日権現験記**』などが制作された。⋯⋯⋯⋯⋯⋯⋯⋯⋯⋯

POINT 公家の文化を継承しつつ，武士や庶民に支持される文化。

文学	和歌	○『[新古今和歌集]』…[後鳥羽上皇]の命で，藤原定家らにより編纂。
		○『[山家集]』…北面の武士であったが出家した[西行]の歌集。
		○『[金槐和歌集]』…鎌倉幕府3代将軍[源実朝]の歌集。
	歴史	○『[愚管抄]』…[慈円]による。道理の観念。
		○『[吾妻鏡]』…鎌倉幕府の歴史。編年体。
		○『[元亨釈書]』…[虎関師錬]による。日本仏教の歴史書。
	随筆	○『[方丈記]』…[鴨長明]による。
		○『[徒然草]』…[兼好法師]による。
	軍記物語	○『[平家物語]』…平氏の興亡。[琵琶法師]により平曲で語られる。
	日記	○『[十六夜日記]』…[阿仏尼]による。鎌倉に訴訟で下向した際の紀行文。
	説話集	○『[古今著聞集]』…橘成季による。
建築	[大仏様]	○[東大寺南大門]…[重源]が宋人[陳和卿]の協力で建築。
	[禅宗様]	○[円覚寺舎利殿]…細かな木材を用いた整然精巧な美。
	和様	○[三十三間堂]（蓮華王院本堂）…千手観音坐像と1001体の千手観音立像。
彫刻		○[東大寺南大門金剛力士像]…[運慶]・[快慶]らによる合作。寄木造の傑作。
		○[六波羅蜜寺空也上人像]…[康勝]による。浄土教を布教した空也の像。
絵画	絵巻物	○『[蒙古襲来絵巻（絵詞）]』…肥後の[竹崎季長]が蒙古襲来での自身の活躍を描かせる。
		○『[平治物語絵巻]』…平治の乱が題材の合戦絵巻。
		○『[春日権現験記]』…春日大社の由来や霊験譚。
		○『[粉河寺縁起絵巻]』…粉河寺の霊験譚。
		○『[法然上人絵伝]』…法然の生涯を描く。
		○『[一遍上人絵伝]』…一遍の生涯を描く。
	肖像画	○[似絵]…大和絵の写実的な肖像画。[藤原隆信]が有名。
		○[頂相]…禅宗の写実的な肖像画。師匠が弟子に与えた自賛を記す相伝の証。

MY MEMO

KEYWORD
自分がまちがえやすい用語をメモしておこう！

- [ ]
- [ ]
- [ ]
- [ ]
- [ ]
- [ ]
- [ ]
- [ ]

CHAPTER 05

建武政権〜室町時代

5分で流れをチェック

- 院政をおこなった後嵯峨法皇が亡くなると、天皇家は**長講堂領**を基盤とした［ 01 ］の系統である［ 02 ］と、**八条院領**を基盤とした［ 03 ］の系統である［ 04 ］にわかれて争った。幕府は1317年に両統が交代で天皇となる［ 05 ］を提示し、［ 04 ］の［ 06 ］が翌年即位した。……………………………

- 幕府では、得宗専制政治のもと、得宗の［ 07 ］（14代執権）の内管領である［ 08 ］が権勢をふるっていた。［ 06 ］は討幕計画を進めたが1324年に計画がもれ、側近の［ 09 ］らが流された。これを［ 10 ］という。また、1331年にも寺院勢力の結集をはかり挙兵を企てたが失敗して、［ 06 ］は隠岐に翌年配流された。これを［ 11 ］という。……………………

- 河内に［ 12 ］、吉野に［ 13 ］が挙兵して、反幕府の悪党などが幕府と交戦するようになり、1333年に［ 06 ］が隠岐を脱出して勢力を増し、有力御家人の［ 14 ］が幕府から離反して［ 15 ］を攻め落とした。関東でも豪族の［ 16 ］が挙兵して鎌倉を攻め、［ 07 ］ら北条氏を滅ぼし、ここに鎌倉幕府は滅亡した。……………………………………

- ［ 06 ］は京都で親政を開始した。その翌年1334年に改元された元号をとって、この政治を［ 17 ］と呼ぶ。天皇はすべての土地の所有権の確認に天皇の［ 18 ］を必要とする法令を打ち出した。政治組織として、中央には重要政務を扱う中心機関の［ 19 ］、幕府の**引付**を受け継いだ［ 20 ］、京都の治安を維持する［ 21 ］、武士の論功行賞をおこなう［ 22 ］の機関を設置し、地方には国司・［ 23 ］を併置、東北に［ 24 ］、関東に［ 25 ］を設置した。……………………………

- 1335年に［ 07 ］の子である［ 26 ］が鎌倉を占拠して反乱した［ 27 ］をきっかけに、［ 14 ］はその討伐のため出兵しこれを鎮圧した。同時に政府に反旗をひるがえし、1336年に［ 28 ］で［ 12 ］を敗死させ、京都を制圧した。………………

重要語句

両統迭立

- 天皇家の皇統分裂…
後嵯峨法皇の死後に大覚寺統と持明院統に皇統が分裂し，皇位継承などで争うようになった。

皇統名	[大覚寺統]	[持明院統]
祖となる人物	[亀山天皇]	[後深草上皇]
皇室荘園群 （経済基盤）	八条院領	長講堂領

- [両統迭立]…大覚寺統と持明院統が交代で皇位を継承。

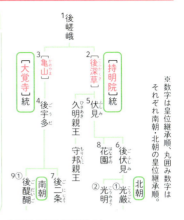

▲天皇の系図（両統迭立）

後醍醐天皇の討幕

- 後醍醐天皇の即位…親政を開始し，大義名分論のもと討幕を計画。

1324 年	[正中の変]	失敗。側近の日野資朝が佐渡に流される。
1331 年	[元弘の変]	失敗。後醍醐天皇が [隠岐] に流される。

- 鎌倉幕府滅亡（1333 年）

  - 河内で [楠木正成]，吉野で [護良親王] が挙兵。
  - [足利高氏] が六波羅探題を落とし，[新田義貞] が鎌倉を落とす。

建武の新政

- [建武の新政]…後醍醐天皇が京都で天皇親政。
  - 土地の所有権の確認に天皇の [綸旨] が必要になる。
  - 武士の慣習を無視し，武士の不満が高まる。

- [中先代の乱]（1335 年）の鎮圧を機に足利尊氏が建武政権より離反。

- 1336 年，足利尊氏が京都を制圧し，後醍醐天皇は京都を脱出。建武の新政は終焉。

建武の新政の職制

5分で流れをチェック

◎ 1336年，[01]は**光明天皇**（持明院統）を擁立，[02]により政治方針を示した。[03]（大覚寺統）は**吉野**に逃れ，**南朝（吉野）**と**北朝（京都）**による**南北朝の動乱**が始まった。1338年に[01]が**征夷大将軍**となり，**室町幕府**が開かれ，[01]と弟の[04]が政務を分担した。政権内部で[01]の**執事**で武力を重んじる[05]と，法秩序を重んじる[04]が争い，1350年には[06]に発展した。この頃，武家社会では惣領制が解体され，相続は[07]に変化し，血縁より**地縁的結合**が重視された。……………………………………

◎ 守護は[08]を取り締まる権限，判決を強制執行する[09]の権限も与えられ，1352年の[10]では近江・美濃・尾張（のち全国）で荘園・公領の年貢の半分の徴発を認められた。荘園・公領の年貢徴収を守護に一任する[11]もなされた。室町時代の守護は[12]と呼ばれ，地頭などの領主で[13]と呼ばれた武士は[14]を結んだ。…………………

◎ 九州は北朝の[15]によりしだいに平定され，3代将軍[16]は京都室町の**花の御所**で政治をおこなった。1392年には南朝の[17]が譲位して北朝の[18]のみとなり，南北朝の動乱は終結した。1391年に西国の守護で六分の一衆と呼ばれた一族の[19]を[20]で滅ぼした[16]は，将軍辞職後も太政大臣として実権を握り続け，1399年には[21]で[22]を討伐した。……………………

◎ 室町幕府の機構は将軍を補佐する[23]があり，**細川・斯波・畠山氏**の[24]が交代で任命された。侍所の長官は**赤松・一色・山名・京極氏**の[25]から任命された。直轄軍の[26]も編成され，直轄領である[27]を管理した。守護は在京して，領国には[28]を置いて統治させた。関東を支配する[29]もおかれ，[01]の子[30]が[31]に任じられた。それを補佐する**上杉氏**世襲の[32]もおかれた。…

◎ 幕府は**土倉役**や**酒屋役**，**関銭**や**津料**も徴収した。田地1段ごとに[33]を，家屋には[34]を課すなどもした。………

重要語句

01 足利尊氏
02 建武式目
03 後醍醐天皇
04 足利直義
05 高師直
06 観応の擾乱
07 単独相続
08 刈田狼藉
09 使節遵行
10 半済令
11 守護請
12 守護大名
13 国人
14 国人一揆
15 今川了俊（貞世）
16 足利義満
17 後亀山天皇
18 後小松天皇
19 山名氏清
20 明徳の乱
21 応永の乱
22 大内義弘
23 管領
24 三管領
25 四職
26 奉公衆
27 御料所
28 守護代
29 鎌倉府
30 足利基氏
31 鎌倉公方（関東公方）
32 関東管領
33 段銭
34 棟別銭

北朝（持明院統）	○ 足利尊氏が京都で [光明天皇] を擁立して成立。
南朝（大覚寺統）	○ 後醍醐天皇が [吉野] で正統性を主張し成立。

1392年に南朝の [後亀山天皇] が京都に帰還し収束。

[守護大名] と呼ばれる。

🏳 | 室町時代の守護権限まとめ

権限	内容
○ 大犯三カ条…京都大番役の催促，謀叛人・殺害人の逮捕。鎌倉時代より継続。	
○ [刈田狼藉] の取り締まり…他人の田の稲の強奪を取り締まる権利。	
○ [使節遵行]…幕府の裁定を実行する権利。	
○ [守護請]…荘園・公領の年貢の徴収を領主より請け負う。	
○ [半済令]…荘園・公領の年貢の半分を軍費として徴収できる。	

次に近江・美濃・尾張三ヶ国の本所領半分の事，兵粮料所として，当年一作，軍勢に預け置くべきの由，[守護] 人等に相触れ訖んぬ。……
（『建武以来追加』）

史料は1352年にはじめて発布された [半済令]。当該3国の荘園・公領の年貢の半分を兵粮米として，1年限りで守護に徴収させる内容。のちに対象が全国に拡大され，期間も永続的になった。

🏳 | 室町幕府の職制

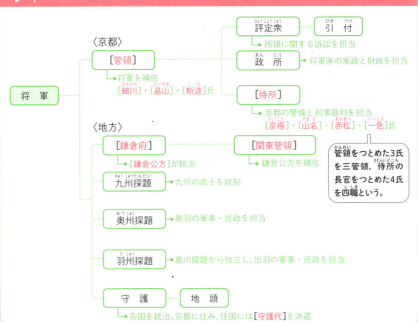

管領をつとめた3氏を三管領，侍所の長官をつとめた4氏を四職という。

5分で流れをチェック

◎ 南北朝の動乱期，対馬や壱岐などの住民を中心とした海賊の**倭寇**（[01]）が出現した。中国には鎌倉幕府が1325年に[02]の修造費用調達のために[03]を派遣したり，足利尊氏らが[04]の勧めで[05]の冥福を祈る[06]建立の費用調達のため[07]を派遣したことはあるが，元と国交はなく民間交易のみだった。1368年に[08]が**明**を建国した。……

◎ 3代将軍[09]は，1401年に僧[10]を正使，博多商人[11]を副使として明に派遣し，1404年に**日明貿易**が開始された。明は民間貿易を認めない[12]をとっており，朝貢した返礼に品物を受け取る[13]で費用は明が負担した。日本は銅銭（**永楽通宝**）などを輸入した。日明貿易は，倭寇対策で[14]が必要なので，[15]ともいう。貿易は4代将軍[16]が朝貢形式に反対して中断されたが，6代将軍[17]の時代には再開された。15世紀後半には，貿易の実権を堺商人と結んだ[18]と，博多商人と結んだ[19]が争った。1523年に中国で[20]がおこり，勝利した[19]が貿易を独占したが，1551年に[19]が滅亡すると[15]も消滅した。こののち中国人が主体の海賊集団である[21]が出現し，**豊臣秀吉**の[22]まで活動が続いた。……………

◎ 朝鮮半島では，[23]が高麗を倒し，1392年に**朝鮮**が建国された。**日朝貿易**では，守護や商人らも参加でき，朝鮮は対馬の[24]を通じて貿易を統制した。朝鮮に富山浦，乃而浦，塩浦の港（**三浦**）が開かれた。日朝貿易は，1419年の[25]で一時中断もあったが，1510年の[26]までは続いた。日本は**大蔵経**や[27]を輸入した。………………

◎ **琉球**では，1429年に中山王[28]が，都を[29]として，**三山**を統一して[30]を建国した。明や日本とも国交を結び，東アジア諸国間の[31]により国際港[32]は繁栄した。……

◎ **蝦夷ヶ島**（北海道）南部に，本州の人びとが港や[33]などの居住地をつくりアイヌを圧迫し，1457年にアイヌの大首長[34]が蜂起したが，[35]氏が鎮圧した。………………

[倭寇]…米や人を略奪する海賊。[前期倭寇]は日本人主体，[後期倭寇]は中国人主体。

幕府	年	中国関係	朝鮮半島関係
南北朝	1368	○ [朱元璋]が明を建国	
	1392		○ [李成桂]が[朝鮮]を建国 ➡ [日朝貿易]開始
室町	1401	○ 義満は正使に僧[祖阿]，副使に博多商人[肥富]を派遣し，国交を開く	○ [倭寇]鎮圧を求めて国交と貿易開始。 ○ 貿易に国人や商人など民間も参加。 ○ 対馬の[宗氏]が貿易統制をになう。 ○ 衣料素材の[木綿]を大量輸入
	1404	○ 朝貢形式による[日明貿易]開始 ○ 明の海禁政策で民間貿易なし ○ 倭寇対策で[勘合]が必要 ○ [銅銭]や生糸などを輸入	
	1411	○ 貿易中断…義持が[朝貢]に反対	
	1419		○ [応永の外寇]…朝鮮が倭寇根拠地として対馬を攻撃。
	1432	○ 貿易再開	
	1510		○ [三浦の乱]…日本人が朝鮮で蜂起，以後は貿易衰退。
戦国	1523	○ [寧波の乱] [博多]商人と結ぶ大内氏と，[堺]商人と結ぶ細川氏の中国での争乱。 [大内氏]が勝利し貿易独占。	
	1551	○ [大内氏]の滅亡で勘合貿易断絶 これとともに[後期倭寇]の活動が活発化。	

琉球	○ 三山（山北・中山・山南）の争いを中山王[尚巴志]が1429年に統一し，[琉球王国]建国。 ○ 都…[首里]　○ 国際港…[那覇]（[中継貿易]により繁栄）
蝦夷ヶ島（北海道）	○ 安藤氏の支配下にある和人が居住地の館（[道南十二館]）をつくる。
	○ 圧迫されたアイヌの首長[コシャマイン]が1457年に蜂起。蠣崎氏により鎮圧。

🕐 5分で流れをチェック

☑️ 重要語句

🔴 荘園・公領の内部に農民がつくり出した村が生まれた。この自律的な村を**惣**（**惣村**）と呼ぶ。その中心は祭祀集団の[01]である。惣村の村民は[02]，村の指導者は[03]や**沙汰人**，村民の会議は[04]，村民の守るべき掟は[05]といい，秩序維持で[06]と呼ばれる警察権も行使された。惣村は山など共同利用地である**入会地**の確保などもした。年貢を惣村がひとまとめに請け負う[07]もなされた。惣村には農民が侍身分を獲得した[08]も出現し，村民は荘園領主に[09]したり，耕作を放棄して他所に逃げ込む[10]したりなど，[11]を結んで実力行使した。……………

🔴 借金の帳消しである徳政を要求する[12]と呼ばれる蜂起が頻発し，なかでも近江坂本の[13]の徳政要求がきっかけとなった1428年の[14]と，数万人が京都を占拠して幕府が徳政令を出した1441年の[15]が有名である。……

🔴 4代将軍**足利義持**の時代は安定していたが，6代将軍**足利義教**は，関東管領[16]を助けて鎌倉公方[17]を滅ぼした[18]や専制的な政治もあり，反感のあった有力守護の[19]に1441年の[20]で謀殺された。[19]は同年幕府に討伐されたが，将軍権力はゆらいだ。……………

🔴 8代将軍[21]の時代の1467年に[22]がおこった。これは[23]と[24]の家督争いと将軍家の家督争い（[21]の子[25]と，[21]の弟[26]）に，守護大名が東軍の[27]方と，西軍の[28]方にわかれて戦ったもので，雑兵の[29]が活躍した。……………

🔴 武士や地域住民による地域を守る[30]が結成された。[31]では南山城地方で争っていた[23]の軍を追放し，8年間も一揆の自治支配を実現した。また本願寺の[32]の布教で浄土真宗本願寺の勢力が増大し，1488年の[33]で加賀の門徒が国人と結び，守護[34]を倒して，一揆の実質支配が[35]の制圧まで継続した。このような，力で下のものが上の勢力をしのぐ現象を[36]という。……………

惣（惣村）のまとめ

用語	内容
［惣村］	農民による自治的な村。［入会地］を管理。
［宮座］	村落の結合の中心となる神社の祭祀集団。
［寄合］	村落の協議機関・会議。
［地下検断（自検断）］	惣掟にもとづいて村民が警察権を行使すること。
［地下請（村請・百姓請）］	村落で年貢徴収をひとまとめにして請け負うこと。
［強訴］	領主に集団の威力で要求を通すこと。
［逃散］	耕作を放棄して他所に退去して抵抗すること。

応仁の乱（対立関係）のまとめ

	将軍家	実力者	畠山氏	斯波氏
東軍	［足利義尚］（義政の子）	［細川勝元］	畠山政長	斯波義敏
西軍	［足利義視］（義政の弟）	［山名持豊］	畠山義就	斯波義廉

室町時代のおもな一揆に関する史料

（正長元年）……一天下の［土民］蜂起す。徳政と号し，酒屋・土倉・寺院等を破却せしめ，雑物等恣にこれを取り，借銭等悉くこれを破る。管領これを成敗す。凡そ亡国の基，これに過ぐべからず。日本開白以来，土民蜂起是れ初めなり。

（『大乗院日記目録』）

史料の「正長元年」は，1428年のこと。史料は［正長の徳政一揆］のこと。

（文明十七年……）今日山城［国人］集会す。……同じく一国中の土民等群集す。今度両陣の時宜を申し定めんが為の故と云々。然るべきか，但し又下極上の至りなり。

（『大乗院寺社雑事記』）

史料の「文明十七年」は，1485年。「両陣」は，応仁の乱後も争っている元東軍の畠山政長と元西軍の畠山義就のこと。史料は［山城の国一揆］のこと。

（長享二年……）……一揆衆二十万人，富樫城を取り回く。故を以て，同九日城を攻め落さる。皆生害して，富樫一家の者一人これを取り立つ。

（『蔭凉軒日録』）

史料の「長享二年」は，1488年。「富樫城」は，守護である［富樫政親］の城のこと。「富樫一家の者一人」は，名目上の守護である富樫泰高のこと。史料は［加賀の一向一揆］のことであり，守護の富樫政親の城が一向一揆衆20万人により攻め落とされ，富樫一族は皆殺害，富樫泰高が名目上の守護とされたという内容。

🕐 ｜ 5分で流れをチェック

◉ **南北朝文化**は動乱を反映し，北畠親房の『[01]』や足利政権成立史『[02]』，南北朝の軍記物語の『**太平記**』が著された。**能楽**，**茶寄合**，**闘茶**も流行した。⋯⋯⋯⋯⋯⋯

◉ **北山文化**は足利義満の**金閣**の建築様式の折衷（一層：寝殿造・二層：和様・三層：禅宗様）がその特徴となる。[03]が足利尊氏の帰依を受け，臨済宗は幕府に保護され，南宋の官寺の制にならった[04]も完成した。これは[05]を別格として，京都五山を[06]・**相国寺・建仁寺**・東福寺・万寿寺に，鎌倉五山を[07]・**円覚寺**・寿福寺・浄智寺・浄妙寺としたもの。**水墨画**では如拙の『[08]』が有名。能では[09]（金春・金剛・観世・宝生座）が知られ，義満の保護を受けた観世座の[10]・[11]により猿楽能が完成された。[11]による『[12]』は能の真髄を示した理論書である。⋯⋯⋯⋯

◉ **東山文化**は禅の精神などを基調とした。足利義政の**銀閣**（下層：[13]・上層：禅宗様）の**東求堂同仁斎**は[13]の典型。庭園では[14]や[15]など岩石と砂利による[16]が有名である。日本的水墨画を[17]が大成し，大和絵で[18]が**土佐派**の基礎をつくり，[19]・[20]親子は水墨画に大和絵手法を入れた**狩野派**をおこした。茶の湯で[21]が**侘茶**を創始した。⋯⋯⋯⋯⋯⋯⋯⋯⋯⋯⋯⋯⋯⋯⋯⋯⋯⋯

◉ 小歌の歌集『[22]』も編まれ，**御伽草子**も登場し，連歌では**二条良基**が『[23]』を撰し，**宗祇**が[24]を確立して『[25]』を撰した。**宗鑑**は『[26]』を編んだ。⋯⋯⋯⋯⋯⋯

◉ **応仁の乱**で荒廃した京都を離れた[27]は薩摩にまねかれて活躍し，[28]の祖となった。**上杉憲実**の[29]が坂東の大学と評された。日用の辞書の『[30]』や教科書の『[31]』も刊行された。日蓮宗では1532年には[32]を結び一向一揆と対立，1536年には延暦寺と対立して[33]がおきた。浄土真宗は本願寺の[34]が平易な文章の**御文**を使い，勢力を広めた。⋯⋯⋯⋯⋯⋯⋯⋯⋯⋯⋯⋯⋯⋯⋯⋯⋯

☑ ｜ 重要語句

01 神皇正統記
02 梅松論
03 夢窓疎石
04 五山・十刹の制
05 南禅寺
06 天龍寺
07 建長寺
08 瓢鮎図
09 大和猿楽四座
10 観阿弥
11 世阿弥
12 風姿花伝
13 書院造
14 龍安寺
15 大徳寺大仙院
16 枯山水
17 雪舟
18 土佐光信
19 狩野正信
20 狩野元信
21 村田珠光
22 閑吟集
23 菟玖波集
24 正風連歌
25 新撰菟玖波集
26 犬筑波集
27 桂庵玄樹
28 薩南学派
29 足利学校
30 節用集
31 庭訓往来
32 法華一揆
33 天文法華の乱
34 蓮如

南北朝文化	文学	○『[増鏡]』…鎌倉時代を記した編年体の歴史書。
		○『[神皇正統記]』…[北畠親房]による。南朝の正統性を主張した歴史書。
		○『[梅松論]』…足利氏の政権獲得の過程などを記した歴史書。
		○『[太平記]』…南北朝の動乱を記した軍記物語。
	その他	○連歌，[能楽]，[茶寄合]，[闘茶]などが流行。

北山文化

- 建築　○鹿苑寺金閣…一層：[寝殿造]，二層：和様，三層：[禅宗様]
- 寺格制度　○[五山・十刹の制]…官寺の寺格制度。格は五山，十刹，諸山の順。

	別格	1	2	3	4	5
京都五山	[南禅寺]	[天龍寺]	[相国寺]	[建仁寺]	東福寺	万寿寺
鎌倉五山		[建長寺]	[円覚寺]	寿福寺	浄智寺	浄妙寺

- 絵画　○[水墨画]…如拙の「[瓢鮎図]」が有名。
- 芸能　○大和猿楽四座…興福寺が本所。[金春座]・[金剛座]・[観世座]・[宝生座]。
- ○猿楽能…観世座の[観阿弥]・[世阿弥]が完成。世阿弥は『[風姿花伝]』を著す。

東山文化

- 建築　○慈照寺銀閣…下層：[書院造]，上層：[禅宗様]
- 庭園　○[枯山水]…[龍安寺]・[大徳寺大仙院]が有名。
- 絵画　○水墨画…[雪舟]が大成。『[秋冬山水図]』・『[四季山水図巻]』が有名。
- ○狩野派…[狩野正信]・[狩野元信]による。元信の『[大仙院花鳥図]』が有名。
- 芸能　○茶の湯…[村田珠光]が[侘茶]を創始。のち堺の武野紹鷗，[千利休]により完成。

庶民文芸

- 連歌　○[二条良基]…『[菟玖波集]』が勅撰集と同格とみなされ，連歌が和歌と対等となる。
- ○[宗祇]…『[新撰菟玖波集]』を撰す。
- ○[宗鑑]…『[犬筑波集]』を編集。自由な[俳諧連歌]をつくる。
- その他　○小歌，[狂言]，[御伽草子]，風流踊り，盆踊りなどが流行。

地方への文化普及

- ○応仁の乱で京都が荒廃 ➡ 文化人らが地方へ。大内氏の[山口]が繁栄。
- ○[桂庵玄樹]…薩南学派の祖。肥後の菊池氏や薩摩の島津氏にまねかれ儒学を講義。
- ○教育…教科書に『[庭訓往来]』を使用。関東管領上杉憲実により[足利学校]が再興。

宗教

- ○禅宗諸派…応仁の乱後，[林下]が広がる。
- ○日蓮宗…[法華一揆]が一向一揆と対立。[天文法華の乱]で延暦寺により京都から追放。
- ○浄土真宗…本願寺[蓮如]が平易な文章の[御文]で布教。[講]を組織。一向一揆に発展。

31 中世の経済・産業

🔴 鎌倉時代の農業は，西日本で麦が裏作の [01] が普及し，**牛馬**が利用された。肥料には草を刈って田に敷いた [02]，草木を焼き灰にした [03] が利用され，多収穫米の [04] も輸入された。灯油原料の荏胡麻も栽培された。…………

🔴 鎌倉時代の商業は，**定期市**を月3回開催する [05] が通常となった。京都などに常設小売店の [06] も登場した。京都や奈良の商工業者は同業者団体の [07] を結成し，その構成員には大寺社に属する [08]，天皇家に属する [09] もいた。商品の遠隔地への運送や委託販売をおこなう [10] も発達した。売買では米や貨幣（中国から輸入の [11]）が用いられ，年貢の銭納もあった。遠隔地との取引で [12]（金銭の輸送を手形で代用する制度）が使用され，**高利貸業**の [13] も出現した。…………………

🔴 室町時代の農業は，畿内では [14] もおこなわれ，収穫時期の異なる [15] の作付けも普及し，肥料に人糞尿の [16] も使用された。年貢も銭納が普及した。…………

🔴 室町時代の商業は，応仁の乱後に月6回の [17] が普及し，背負い道具を使う [18] や，天秤棒を使用する [19]，京都の [20]（薪を売る女性）や [21]（鮎など売る女性）といった**行商人**も増加した。大都市の京都などでは [06] が普及した。この頃の [07] は，石清水八幡宮を本所とした [22] が畿内・美濃・尾張・阿波などの油の販売や原料の荏胡麻購入権を独占するなど畿内を中心に広範囲な活動をみせた。貨幣は宋銭，[23]（永楽通宝など），粗悪な [24] も流通し，悪銭は嫌われて [25] がおこなわれた。対して幕府などは悪銭の流通禁止とそれ以外の銭の流通を強制する [26] を発布した。富裕な商工業者である酒造業の [27] などは，[28] という高利貸業を多く兼ね，幕府は保護して営業税を課した。遠隔地取引では為替手形の一種の [29] も使用された。大都市などに卸売りの [30] が出現し，[31] や**車借**という運送業者もいた。交通路も発達したが，幕府や寺社は**関所**を多数設けて [32] や**津料**を徴収した。………

01 二毛作
02 刈敷
03 草木灰
04 大唐米
05 三斎市
06 見世棚
07 座
08 神人
09 供御人
10 問（問丸）
11 宋銭
12 為替
13 借上
14 三毛作
15 早稲・中稲・晩稲
16 下肥
17 六斎市
18 連雀商人
19 振売
20 大原女
21 桂女
22 大山崎の油神人（油座）
23 明銭
24 私鋳銭
25 撰銭
26 撰銭令
27 酒屋
28 土倉
29 割符
30 問屋
31 馬借
32 関銭

中世の農業のまとめ

	鎌倉時代	室町時代
耕作方法	○ 畿内や西日本で [麦] を裏作に年2回耕作する [二毛作] が普及。 ○ 鉄製農具や [牛馬] を使用。	○ [二毛作] が東国に普及。 ○ 畿内では米，麦，そばの [三毛作] も普及。
肥料	○ [刈敷] …草を刈ったものを田に敷いて肥料とする。 ○ [草木灰] …草木を焼いて灰にしたものを肥料とする。	○ [下肥] …人糞尿を肥料とする。 ○ 刈敷と草木灰も利用。
その他	○ 災害に強い多収穫の品種 [大唐米] を輸入。 ○ 灯油の原料の [荏胡麻] も栽培。	○ 収穫時期の異なる [早稲・中稲・晩稲] の作付けが普及。 ○ 苧・桑・楮・漆・藍・茶も栽培。

中世の商業のまとめ

	鎌倉時代	室町時代
定期市	○ 月3回の [三斎市] が一般化。	○ 月6回の [六斎市] が一般化。
小売店	○ 京都などに [見世棚] が登場。	○ 大都市で [見世棚] が一般化。
商人	○ 行商人が出現。	○ [連雀商人] や [振売] が増加。 ○ 京都で [大原女] や [桂女] も活躍。
貨幣	○ [宋銭] を使用。中国から輸入。	○ 宋銭，[明銭]（洪武通宝，[永楽通宝] などを輸入），[私鋳銭] を使用。粗悪な悪銭も出回る。 → 悪銭を嫌う [撰銭] が横行。流通の円滑化のため [撰銭令] 発布。
金融業	○ 高利貸の [借上] が登場。	○ 富裕な酒造業の [酒屋] が高利貸の [土倉] も兼ねる。
運送業・倉庫業	○ [問（問丸）] が遠隔地間の商品の委託販売，運送などをおこなう。	○ 問（問丸）が [問屋] に発展し，商品の保管や卸売りをおこなう。 ○ 馬を利用する [馬借]，牛車を利用する [車借] が活躍。
遠隔地取引	○ 遠隔地決済で，金銭の輸送を手形で代用する [為替] の制度。	○ 為替手形で [割符] の利用がさかんとなる。
同業者組合	○ [座] を結成。公家や寺社を [本所] として納付金を入れ，そのかわりに保護を受けて商品の独占販売などの特権を許可された。	○ 石清水八幡宮を本所として，荏胡麻購入の独占権などをもつ [大山崎の油神人（油座）] のような広範囲な活動をみせる座も出現。

32　戦国時代のはじまり

🕐 5分で流れをチェック

◎ **鎌倉公方**は権限が大きく幕府から半ば独立した存在だった。1416年の［ 01 ］を鎮めた鎌倉公方［ 02 ］は，1438年の［ 03 ］で幕府と対立し，翌年滅ぼされた。1440年には**結城氏朝**が［ 04 ］で関東管領上杉憲実に敗れたが，のちに持氏の子［ 05 ］が鎌倉公方となって1454年に**関東管領**上杉憲忠を謀殺した（［ 06 ］）。以後関東は戦国の世となり，鎌倉公方の分裂（［ 07 ］の［ 05 ］，［ 08 ］の**足利政知**）と関東管領上杉氏の分裂がおこった。伊豆の［ 08 ］を滅ぼした［ 09 ］は［ 10 ］を本拠地にし，孫の［ 11 ］の時代に北条氏は関東の大半を支配した。……………………………………

◎ 近畿では9代将軍足利義尚の死後，細川氏，のちに家臣の［ 12 ］，さらに家臣の［ 13 ］に実権が移った。地方では自身で**領国**を支配する**戦国大名**が現れた。中部地方では上杉氏を継いだ［ 14 ］と，甲斐や信濃を領国とした［ 15 ］が争った。東北地方ではのちに**伊達氏**が，中国地方では家臣の［ 16 ］が**大内氏**の実権を掌握したが，国人の［ 17 ］が［ 16 ］を討って勢力を拡大し，九州では**島津氏**と**大友氏**が，四国では**長宗我部氏**が勢力を拡大した。………………

◎ 戦国大名は，家臣とした国人や地侍に［ 18 ］（収入額を銭に換算したもの）にみあった**軍役**を負担させる［ 19 ］を採用した。家臣団の編成には，有力家臣に地侍などを配属させる［ 20 ］を採用した。［ 21 ］も制定し，**喧嘩両成敗法**など採用した。［ 21 ］では今川氏の［ 22 ］，伊達氏の［ 23 ］，武田氏の［ 24 ］が有名である。家臣の領地の収入額などを申告させる［ 25 ］も実施し，耕作地の面積などが［ 26 ］に登録され［ 19 ］の基礎になった。………………………

◎ 大寺社や地方の中小寺院の［ 27 ］も繁栄し，中でも浄土真宗の寺院や道場を中心にした［ 28 ］が各地に建設された。…

◎ 港町ではとくに**堺**や**博多**が栄えた。堺は［ 29 ］，博多は［ 30 ］の合議により自治され，［ 31 ］は堺を「ベニス市の如く」と評価した。応仁の乱後，京都は都市民の［ 32 ］を中心に，自治組織の**町**や**町法**も定め，［ 33 ］が選出され運営された。…

☑ 重要語句

01 上杉禅秀の乱
02 足利持氏
03 永享の乱
04 結城合戦
05 足利成氏
06 享徳の乱
07 古河公方
08 堀越公方
09 北条早雲（伊勢宗瑞）
10 小田原
11 北条氏康
12 三好長慶
13 松永久秀
14 上杉謙信
15 武田信玄（晴信）
16 陶晴賢
17 毛利元就
18 貫高
19 貫高制
20 寄親・寄子制
21 分国法（家法）
22 今川仮名目録
23 塵芥集
24 甲州法度次第
25 指出検地
26 検地帳
27 門前町
28 寺内町
29 会合衆
30 年行司
31 ガスパル＝ヴィレラ
32 町衆
33 月行事

🛡 | 戦国時代の都市のまとめ

種類	おもな都市
城下町	○ 北条氏の [小田原]，朝倉氏の [一乗谷]，大友氏の豊後 [府内] など。
[門前町]	○ 寺社の門前市から発達。伊勢神宮の宇治・山田，信濃善光寺の長野など。
[寺内町]	○ 一向宗の寺院や道場から発達。摂津の [石山]，河内の [富田林] など。
港町	○ [堺]…36人の [会合衆] が運営。ガスパル=ヴィレラに平和で自由と評される。 ○ [博多]…12人の [年行司] が運営。博多商人は大内氏と結び勘合貿易で繁栄。
政治都市	○ 京都…町衆から選ばれた [月行事] が自治的な運営。

🛡 | 戦国大名の支配体制

政策	内容
[貫高制]	○ 土地の収入を銭に換算した [貫高] により，国人や地侍の収入や地位を保障し，それにみあう軍役を課す制度。年貢額の基準にもなった。
[寄親・寄子制]	○ 有力家臣に，地侍などの下級武士を配属させる組織制度。
[分国法]	○ 戦国大名が独自に定めた法令。

🔍 | おもな戦国大名と分国法

[毛利]氏
▶安芸の国人[毛利元就]が陶晴賢を破り大内氏の所領を手に入れた。さらに山陰の尼子氏を破り中国一帯を支配。

[朝倉]氏
▶分国法…[朝倉孝景条々]
▶越前の守護代出身。城下町の一乗谷に家臣を集住させ支配を強化した。

[伊達]氏
▶分国法…[塵芥集]
▶陸奥の国人から戦国大名となる。伊達政宗の代に南東北地方を統一。

上杉氏

[北条]氏
▶分国法…早雲寺殿廿一箇条
▶[北条早雲]が伊豆の堀越公方を滅ぼし，相模の小田原を拠点に南関東を支配。

長宗我部氏

大友氏

島津氏

[武田]氏
▶分国法…[甲州法度之次第]
▶甲斐の守護出身。武田晴信（信玄）の代に信濃を併合。越後の上杉氏と川中島で数度の合戦を行う。

今川氏

MY MEMO

KEYWORD

自分がまちがえやすい用語をメモしておこう!

織豊政権〜江戸時代

33 ヨーロッパ人の来航と織田信長の統一事業

🕐 5分で流れをチェック	☑️ 重要語句

🔴 ヨーロッパがキリスト教布教や貿易拡大をおこなった [01] に, **スペイン（イスパニア）**はフィリピン諸島の [02] を拠点とし, **ポルトガル**は中国の [03] などに拠点を築いた。………

🔴 1543年にポルトガル人が [04] に漂着し, 島主の種子島時堯（ときたか）は彼らから鉄砲を購入した。ポルトガルは以後も来航し, スペインも1584年に肥前の [05] に来航して貿易を開始した。彼らを [06], その貿易を [07] と呼ぶ。貿易で日本は**銀**を輸出し, 鉄砲・火薬や中国の**生糸**（きいと）を輸入した。…………

🔴 1549年にイエズス会（耶蘇会）宣教師の [08] が鹿児島に来日し, **大内義隆**や [09] らの保護を受けてキリスト教を布教した。ガスパル＝ヴィレラやルイス＝フロイスも来日し, 教会堂である [10], 宣教師の養成学校である [11], 神学校である [12] などがつくられた。洗礼を受けた大名は [13] と呼ばれ, 豊後（ぶんご）の [09]・肥前有馬の [14]・肥前大村（むら）の [15] は1582年にイエズス会宣教師の [16] の勧めで**伊東マンショ**らの [17] を派遣した。彼らは西廻りインド経由でローマに到着, ローマ教皇にあい1590年に帰国した。……

🔴 尾張（おわり）の守護代（しゅごだい）の一族 [18] は, 1560年に [19] で**今川義元**（よしもと）を討ち, 1567年に美濃の斎藤氏を滅ぼした。1568年には13代将軍足利義輝（あしかがよしてる）の弟である [20] と入京し, 15代将軍として擁立した。1570年には [21] で近江（おうみ）の浅井（あざい）氏・越前（ぜん）の朝倉（あさくら）氏の連合軍を破り, 本願寺の顕如（けんにょ）（光佐（こうさ））との [22] も開始し, 1571年には [23] を焼打ちした。そして将軍権力の回復をめざした [20] を1573年に京都から追放し室町幕府を滅ぼした。1575年に [24] で武田勝頼（かつより）を破り, 北陸の [25] も平定した。1582年には武田氏も滅ぼしたが, [26] で家臣 [27] により敗死した。……………………

🔴 [18] は仏教勢力の屈服をめざしたが, キリスト教は保護した。指出検地（さしだしけんち）をおこない, 関所（せきしょ）を撤廃, 堺（さかい）を直轄領とし, 安土城下町で [28] を発布して商業活動を促進した。………

重要語句

01 大航海時代（だいこうかいじだい）
02 マニラ
03 マカオ
04 種子島（たねがしま）
05 平戸（ひらど）
06 南蛮人（なんばんじん）
07 南蛮貿易（なんばんぼうえき）
08 フランシスコ＝ザビエル
09 大友義鎮（おおともよししげ）（宗麟（そうりん））
10 南蛮寺（なんばんじ）
11 コレジオ
12 セミナリオ
13 キリシタン大名
14 有馬晴信（ありまはるのぶ）
15 大村純忠（おおむらすみただ）
16 ヴァリニャーニ
17 天正遣欧使節（てんしょうけんおうしせつ）
18 織田信長（おだのぶなが）
19 桶狭間の戦い（おけはざまのたたかい）
20 足利義昭（あしかがよしあき）
21 姉川の戦い（あねがわのたたかい）
22 石山戦争（いしやませんそう）
23 比叡山延暦寺（ひえいざんえんりゃくじ）
24 長篠合戦（ながしのかっせん）
25 越前の一向一揆（えちぜんのいっこういっき）
26 本能寺の変（ほんのうじのへん）
27 明智光秀（あけちみつひで）
28 楽市令（らくいちれい）

ヨーロッパ人の来航まとめ

鉄砲	○ ポルトガル人が［種子島］に漂着して伝来。使用法や製造法が学ばれ、和泉の堺、紀伊の［根来］や雑賀、近江の［国友］で大量生産。
南蛮貿易	○ 輸入…鉄砲・火薬、中国の［生糸］ ○ 輸出…［銀］、刀剣
キリスト教	○［南蛮寺］…教会堂 ○［コレジオ］…宣教師の養成学校 ○［セミナリオ］…神学校 ○［天正遣欧使節］の派遣

○ ポルトガル…インドのゴア、中国の［マカオ］を拠点。1543年に種子島に漂着。
○ スペイン…フィリピンの［マニラ］を拠点。1584年に肥前の［平戸］に来航。

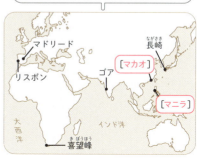

▲ 大航海時代のおもな航路の拠点

織田信長の統一事業のまとめ

1560年	○［桶狭間の戦い］で、駿河・遠江・三河を支配した［今川義元］を破る。
1567年	○ 美濃の斎藤氏を滅ぼす。居城を岐阜城とする。
1568年	○［足利義昭］を立てて入京、15代将軍に擁立。
1570年	○［姉川の戦い］で、近江の［浅井］氏と越前の［朝倉］氏を破る。
	○［石山戦争］開始。本願寺の顕如と争う。1580年に顕如は大坂より退去。
1571年	○ 浅井氏・朝倉氏の味方となって信長に敵対した［比叡山延暦寺］を焼打ち。
1573年	○ 足利義昭を京都から追放。［室町幕府］の滅亡となる。
1574年	○ 本願寺門徒による［伊勢長島の一向一揆］を平定。
1575年	○［長篠合戦］で、武田勝頼を破る。鉄砲を大量に用い大勝。
	○ 本願寺門徒による［越前の一向一揆］を平定。
1576年	○［安土城］築城開始。城は本能寺の変後に焼失。
1580年	○ 本願寺門徒による1488年からの［加賀の一向一揆］を平定。
1582年	○ 家臣［明智光秀］による本能寺の変で敗死。

POINT 政策…キリスト教保護、指出検地実施、［関所］の撤廃、［堺］の直轄化、［楽市令］の発布。

5分で流れをチェック

◎ 織田信長の有力家臣**豊臣（羽柴）秀吉**は本能寺の変後、[01]で明智光秀を破った。1583年に[02]で柴田勝家を破り、[03]の築城も開始した。1584年には[04]で織田信雄・徳川家康と争い、1585年に[05]となり、四国の長宗我部元親を服属させ、翌年太政大臣となり、後陽成天皇より**豊臣**の姓を下賜された。[06]で大名に停戦を命じ、九州の島津義久を降伏させ、1590年には[07]で北条氏政を滅ぼし、東北の大名も服属させ、全国を統一した。…………

◎ 財政基盤は直轄領の[08]で、貨幣の[09]も鋳造した。秀吉晩年には石田三成らの[10]に政務を分担させ、徳川家康らの[11]による合議制度もできた。……………

◎ 秀吉は1588年に一揆防止のため[12]を発布し、農民の武器を没収した。身分統制令ともいう[13]の発布で身分が固定された。また秀吉は[14]を実施し、土地面積を[15]の単位に統一し、升容量も[16]に統一、米の収穫量である[17]を定めた。これを[18]という。1591年には土地台帳である[19]と、地図である[20]の提出を大名に命じた。[14]で荘園制による土地権利の重複が解消され、[21]として[19]には耕作者が登録された。この諸政策で**兵農分離**が完成した。……………

◎ 秀吉は1587年に、[22]がイエズス会に長崎を寄付していたことを知り、大名のキリスト教入信は許可制とし、直後に宣教師を国外追放する[23]を出した。しかし倭寇対策で[24]を出すとともに貿易活動を推進したので、その取り締まりは不徹底となった。のち1596年には[25]もあり、宣教師らを長崎で処刑した[26]もおこった。……………

◎ 秀吉は[27]（台湾）や朝鮮に入貢を求めたが、朝鮮に拒否され1592年に派兵して[28]となった。当初優位であったが朝鮮水軍を率いる[29]や朝鮮[30]の活躍、明の援軍などで戦局不利となり休戦した。1597年に朝鮮に再度派兵し[31]となったが、翌年秀吉の死去で撤兵した。………

経済基盤

[蔵入地]	○ 直轄地のこと。約200万石。
重要都市	○ [京都]，[大坂]，[堺]，伏見，長崎などを直轄。
主要鉱山	○ [佐渡]の金山，[石見大森]の銀山，[但馬生野]の銀山などを直轄。

主要鉱山，重要都市も直轄とする。貨幣の[天正大判]なども鋳造。

主要政策

[太閤検地]	○ 土地面積の単位を統一（[町・段・畝・歩]）。 ○ 升の容量を[京枡]に統一。 ○ [一地一作人]で検地帳には耕作者を記載。荘園の消滅。 ○ [石高制]…土地の収穫量である[石高]を定め，それにみあった軍役を大名に課し，農民には年貢を課す。
[刀狩令]	○ 一揆の防止のため農民から武器を没収。
[人掃令]	○ 武家奉公人が町人などになることや，百姓が商人などになることを禁止。身分を固定。
[バテレン追放令]	○ 宣教師を国外追放。貿易は推進したので取締りは不徹底。
[海賊取締令]	○ 後期倭寇の海賊行為を禁止し，貿易を奨励。

一 諸国百姓，刀，脇指，弓，やり，てつはう，其外武具のたぐひ所持候事，堅く御停止候。
……
一 右取るべき刀，脇指，ついえにさせらるべき儀にあらず候の間，今度大仏御建立の釘，かすかひに仰せ付けらるべし。……

（小早川家文書）

史料の「大仏」は，豊臣秀吉が建立した京都の方広寺の大仏のこと。史料は[刀狩令]で，没収した武器は大仏建立の釘などにすることを口実にしている。のちに豊臣氏はこの方広寺の鐘銘を理由に徳川家康に滅ぼされた。

朝鮮侵略

年	内容
1592年	○ [文禄の役]…朝鮮水軍率いる[李舜臣]や[義兵]の活躍。日本は戦局不利で休戦。
1597年	○ [慶長の役]…苦戦を強いられ，秀吉の死去により撤退。

朝鮮では[壬辰・丁酉倭乱]と呼ばれる。豊臣政権衰退の原因。

5分で流れをチェック

織田信長・豊臣秀吉の時代の文化は［01］と呼ばれ，大名や豪商の経済力などが反映された。その象徴は**城郭建築**で，旧来の防塞としての［02］から，領国支配の利便が考慮された丘の上の［03］や平地の［04］となっていき，壮麗な［05］のある本丸などがつくられた。安土城，大坂城や池田輝政が大工事した播磨の［06］が有名である。琵琶湖竹生島の［07］は伏見城の遺構となる。城の内部は**書院造**の居館があり，金箔濃彩画である［08］や水墨画の［09］が襖などに描かれた。……………………………………

水墨画と大和絵が融合した新しい装飾画を［10］が大成，狩野派の門人［11］とともに［09］を数多く描いた。［10］の作品に京都を描いた『［12］』や，獅子を描いた『［13］』がある。水墨画では**海北友松**や［14］が有名で，［14］は『**松林図屏風**』を描いた。彫刻では障子上部の鴨井と天井の間の格子に［15］がほどこされた。後陽成天皇の勅命で木製活字の書物である［16］も出版された。………………

京都や堺などの**町衆**も文化を担い，堺の［17］は**侘茶**を完成してその精神を凝集した［18］を造作，儀礼を定めて茶道を確立した。武将にもその門人である信長の弟の［19］や古田織部らの茶人がいた。1587年には身分差なく民衆が参加でき，［17］や今井宗久らが中心となった［20］が京都で開かれた。また堺商人の高三隆達による小歌を節付けした［21］や，**三味線**を伴奏にして人形を動かす［22］が民衆に人気となった。**出雲阿国**による［23］も始まった。……

宣教師が来日し，生活文化や美術・出版・天文学・医学などの［24］が伝えられ，西洋画の影響により**南蛮屏風**が描かれた。宣教師［25］により金属製の活字印刷術も伝えられ，印刷機の輸入もあり，ローマ字での各種書籍の出版がおこなわれた。これを［26］と呼び，ローマ字による『平家物語』や『［27］』（イソップ物語）などが刊行された。………………

POINT 織田信長・豊臣秀吉の時代の，大名や豪商の力を反映した豪華な文化。

城郭建築		○ [安土城]…織田信長が近江に築城。本能寺の変後に焼失。
		○ [大坂城]…豊臣秀吉が石山本願寺の跡地に築城。大坂夏の陣で落城。
		○ [伏見城]…豊臣秀吉や徳川家康の居城。のちに廃城。 　琵琶湖竹生島の [都久夫須麻神社本殿] がその遺構。
		○ [姫路城（白鷺城）]…城主の池田輝政が大工事し竣工。連立式天守閣をもつ。
		○ [聚楽第]…豊臣秀吉が築いた城郭風邸宅。[大徳寺唐門] がその遺構。
絵画		○ 「[唐獅子図屏風]」…[狩野永徳] による。濃絵。
		○ 「[洛中洛外図屏風]」…京都の様子を描く風俗画。狩野永徳の作品が有名。濃絵。
		○ 「山水図屏風」…[海北友松] による。水墨画。
		○ 「[松林図屏風]」…[長谷川等伯] による。水墨画。
彫刻		○ 仏像彫刻は衰退。豪華な [欄間彫刻] がさかんとなる。
芸能		○ 茶道…[千利休] が静けさを求める侘茶を完成させ，茶の湯の儀礼を定めて確立。
		○ [北野大茶湯]…1587年に京都で開催された茶会。身分差なく民衆も参加できた。
		○ [人形浄瑠璃]…琉球より渡来した三味線の伴奏で，人形を動かす。
		○ [阿国歌舞伎]…[出雲阿国] が京都でかぶき踊りをはじめる。のちに [女歌舞伎] に発展。
		○ [隆達節]…堺商人の高三隆達による。節付けした小歌。
南蛮文化	美術	○ 油絵や銅版画の技法が伝来。西洋画の影響を受けた [南蛮屏風] が描かれる。
	出版	○ [ヴァリニャーニ] により金属製の活字印刷術が伝来。ローマ字書籍の [キリシタン版（天草版）] が出版される。「[平家物語]」・「伊曽保物語」・「日葡辞書」など。
	言葉	○ ポルトガル語系の単語：カステラ，コンペイトウ，パン，カボチャなど。
人々の生活	衣服	○ [小袖] の着用が一般的となる。男性の略式礼服は上下に肩衣・袴を着用。
	食事	○ 1日2回から3回となる。公家や武士は米を，庶民は雑穀を常食した。
	住居	○ 京都などの都市は二階建てが建築，瓦屋根も使用。農村は萱葺屋根の平屋。

5分で流れをチェック

🔴 豊臣秀吉死後，五大老筆頭 [01] は，五奉行の一人で豊臣政権存続派の [02] と対立した。1600年，[03] を盟主とした [02] の挙兵（**西軍**）に対し，[01]（**東軍**）は [04] で勝利，1603年に [05] となり**江戸**で幕府を開いた。…………

🔴 大坂城には [06] がいたが，[01] は国代表者として外交文書の送付や，諸大名に**国絵図と郷帳**を提出させ，1605年に [07] に将軍職をゆずり [08] として**駿府**で実権を握り続けた。のちに [09] 鐘銘問題を機に [10]（1614年の [11]，1615年の [12]）で豊臣氏を滅ぼした。……………

🔴 [01] は [13] に起草させた大名に対する根本法典の [14]（元和令という）を2代将軍 [07] の名前で出した。1635年，3代将軍 [15] は大名を領国と江戸を1年毎に往復させる [16] を義務付ける新たな [14]（[17] という）を発布した。……………

🔴 幕府の財政は幕府直轄領（幕領）の年貢，鉱山収入，重要都市直轄化，貨幣鋳造によるものなどであった。軍事力は直属の家臣で石高1万石未満の [18]（将軍に謁見可）・[19]（謁見不可），1万石以上の**大名**の**軍役**であった。職制は，[20]（当初は**年寄**）が政務を統轄し，[21] は臨時の最高職だった。[20] 補佐の [22]，大名監察の**大目付**，[23]（**寺社奉行・町奉行・**[24]）などがおかれた。地方には朝廷統制や西国監視の [25] が，大坂など重要都市には**城代**や**町奉行**や**遠国奉行**などがおかれた。幕領には**郡代**や**代官**が派遣され，[24] に統轄された。……………

🔴 大名は [26]（**尾張・紀伊・水戸**）など徳川氏一門の [27]，古くからの家臣である [28]，[04] 前後に従うようになった [29] にわけられる。大名領地やその支配機構を**藩**という。大名家臣の武士の待遇は，領地を与えて支配させる [30] から17世紀半ばには藩の年貢を**蔵米**として支給する [31] に変化した。将軍・大名の主従関係を基礎とした，幕府・藩による土地と人民の支配体制を [32] という。……………

江戸幕府成立期のまとめ

将軍	年代	おもなできごと
	1590	○ 豊臣秀吉により，徳川家康の領地が東海地方から関東に移される。
	1598	○ 豊臣秀吉が死去する。
	1600	○ 徳川家康と石田三成の対立から [関ヶ原] の戦いがおこる。
初代 徳川 [家康]	1603	○ 徳川家康が [征夷大将軍] となる。
2代 [秀忠]	1614	○ 大坂 [冬の陣] がおこり，徳川家康が大坂城を攻撃。
	1615	○ 大坂 [夏の陣] で豊臣家が滅亡する。
		○ 武家諸法度（[元和] 令）が出される。
3代 [家光]	1635	○ 武家諸法度（[寛永] 令）が出される。

江戸幕府の職制

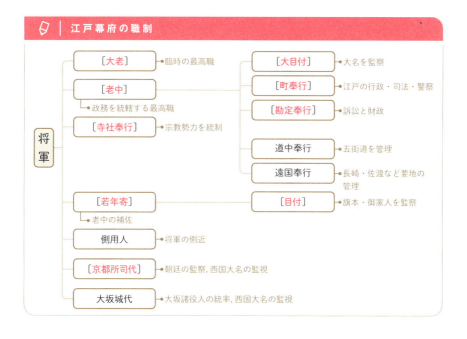

将軍

[大老] ─ 臨時の最高職
[老中] ─ 政務を統轄する最高職
[寺社奉行] ─ 宗教勢力を統制
[大目付] ─ 大名を監察
[町奉行] ─ 江戸の行政・司法・警察
[勘定奉行] ─ 訴訟と財政
道中奉行 ─ 五街道を管理
遠国奉行 ─ 長崎・佐渡など要地の管理
[若年寄] ─ 老中の補佐
[目付] ─ 旗本・御家人を監察
側用人 ─ 将軍の側近
[京都所司代] ─ 朝廷の監察，西国大名の監視
大坂城代 ─ 大坂諸役人の統率，西国大名の監視

37 江戸幕府の朝廷・寺社統制

5分で流れをチェック

○ 徳川家康は［01］を擁立し，1615年には朝廷運営の基準となる［02］を制定した。朝廷とそれを監視する［03］をつなぐ窓口として［04］を公家から選び，幕府の指示を朝廷（関白・三公）に伝えさせた。幕府は天皇や公家の行動を規制し，天皇領である［05］なども最小限度にした。1620年には徳川秀忠の娘の［06］が［01］に入内した。…………

○ 1627年に［01］が幕府の許可を得ずに［07］着用を大徳寺の僧らに勅許し，それを問題視した幕府に抗議した大徳寺の**沢庵**らが流罪となる［08］がおこった。これは幕府の法度が勅許に優先することを示した。［01］は1629年に許可なく譲位したが，つぎの天皇が［06］の皇女［09］のため追認された。［09］は奈良時代の［10］以来の女帝で，18世紀には女帝として［11］も即位している。…………

○ 幕府はスペイン・ポルトガルによる侵略の可能性を感じ，1612年に直轄領に対し［12］を発布，翌年全国に拡大した。1614年に［13］はマニラに国外追放となり，1622年には長崎で宣教師や信徒を処刑する［14］もおこった。改宗する信者も多くいたが，信仰を維持した［15］も存在した。………

○ 島原の［16］氏と天草の［17］氏の圧政を背景に，1637年に［18］という一揆がおこった。幕府軍の攻撃にオランダ船の加勢もある中，首領［19］らが［20］でよく抵抗したが，老中［21］により翌年鎮圧された。乱後，キリスト教徒の根絶をめざす［22］の強化や，キリシタンではないことを寺院が証明する［23］を設け，信仰調査である［24］もおこない，のちに戸籍の役割となる［25］が作成された。だれもが檀那寺の檀家となることを**寺檀制度**という。［26］も弾圧されたが，神道・修験道・陰陽道は容認された。…………

○ 幕府は寺院の統制のため，［27］を発布して宗派毎に本山・本寺と末寺を組織する［28］（明の**隠元隆琦**により伝来した［29］も対象）を設け，1665年に各宗派共通の［30］も発布した。神社に対しては［31］を制定し統制した。………

重要語句

01 後水尾天皇
02 禁中並公家諸法度
03 京都所司代
04 武家伝奏
05 禁裏御料
06 和子（東福門院）
07 紫衣
08 紫衣事件
09 明正天皇
10 称徳天皇
11 後桜町天皇
12 禁教令
13 高山右近
14 元和の大殉教
15 潜伏（隠れ）キリシタン
16 松倉
17 寺沢
18 島原の乱
19 益田（天草四郎）時貞
20 原城跡
21 松平信綱
22 絵踏
23 寺請制度
24 宗門改め
25 宗門改帳（宗旨人別改帳）
26 日蓮宗不受不施派
27 寺院法度
28 本末制度
29 黄檗宗
30 諸宗寺院法度
31 諸社禰宜神主法度

90

江戸幕府の朝廷・寺社統制の流れまとめ

将軍	年代	おもなできごと
徳川家康	1601	○ 最初の [寺院法度] が出される。(〜 1616) [本末制度] が確立される。
	1603	○ 武家伝奏が置かれる。
秀忠	1611	○ 江戸幕府が [後水尾] 天皇を擁立する。
	1612	○ 直轄領に [禁教令] が出される。
	1615	○ 朝廷を統制するため [禁中並公家諸法度] が出される。
	1620	○ 秀忠の娘 [和子] が後水尾天皇に入内する。
家光	1627	○ [紫衣事件] がおこる (〜 1629)。
	1637	○ 九州の天草・島原地方で [島原の乱] がおこる (〜 1638)。
家綱	1665	○ 諸宗寺院法度が出される。 ○ 神社を統制するため [諸社禰宜神主法度] が出される。

宗教の統制のまとめ

キリスト教や [日蓮宗不受不施派] を弾圧するため実施。	○ [絵踏] …キリストらの像(踏絵)を踏ませること。
民衆への宗教統制	寺檀制度…家族単位で民衆全員をどこかの寺院の所属とする制度。所属寺院を檀那寺,所属する一家を檀家と呼ぶ。
	○ [寺請制度] …檀那寺がその寺院の檀家であることを証明する制度。
	○ [宗門改め] …キリスト教など根絶のための信仰調査。
	○ [宗門改帳(宗旨人別改帳)] …宗門改めの結果を記載した帳簿。のち戸籍の役割。
	寺請証文…檀那寺発行の身分証明書。旅行や結婚時などに使用。
寺院・神社の統制	○ [寺院法度] … [本末制度] で宗派毎に本山・本寺の地位保障と末寺を組織。
	諸宗寺院法度…宗派をこえた寺院共通の統制令。
	○ [諸社禰宜神主法度] …神社に対する統制令。公家の吉田家に統制させる。

⏱ | 5分で流れをチェック　　　　　　☑ | 重要語句

🔴　幕藩体制下，支配身分は天皇家・公家・上級僧侶など，そして［ 01 ］や切捨御免の特権をもつ武士で，被支配身分は百姓，職人，町人などがいた。下位の身分とされる［ 02 ］や［ 03 ］とよばれる人々もいた。………………………

🔴　［ 04 ］による惣村の分割や新田開発で，新しい村も多く生まれた。村長である［ 05 ］・村長の補佐役の［ 06 ］・村民代表の［ 07 ］ら村役人である［ 08 ］が村の中心で，村政は主要構成員の［ 09 ］が参加し，**村法**（村掟）により運営された。田植えなどは［ 10 ］と呼ばれる共同作業で支えあい，年貢を村で一括納入する［ 11 ］もおこなわれ，共同作業の経費（［ 12 ］）は共同で負担し，連帯責任制の［ 13 ］もあった。村には田地をもたない［ 14 ］，隷属農民の［ 15 ］などもいた。

🔴　［ 09 ］の負担は，田畑などの年貢である［ 16 ］，副業にかかる［ 17 ］，村高により課される［ 18 ］，一国単位で土木工事などの労働を課される［ 19 ］，交通用の人馬を提供する［ 20 ］などである。税率は当年の収穫状況による［ 21 ］か，一定期間の税率を固定する［ 22 ］で決められ，標準的な税率は［ 23 ］（石高の40％）や［ 24 ］（石高の50％）で，米や貨幣でおさめた。………………………

🔴　幕府は農業経営の安定化のため，1643年に田地の権利移動を制限する［ 25 ］を発布，1673年には分割相続を制限して田地細分化を防ぐ［ 26 ］を発布した。また［ 27 ］で米など五穀以外の栽培を禁止したが，のちに有名無実化したとされている。………………………

🔴　武士が城下町に移住させられ，商人らも宅地税の［ 28 ］を免除されることが多く定着した。町人地には**町**という共同体があり，そこの地主・家持住民を**町人**という。江戸では，町は町人の代表である［ 29 ］や**月行事**を中心に**町法**（町掟）により運営された。また最上位の町役人が町奉行の下にある［ 30 ］をつとめた。土地を借り家を建てて生活する［ 31 ］，長屋を借りて生活する［ 32 ］は町の運営には参加できなかった。………………………

重要語句

01 苗字・帯刀
02 えた
03 非人
04 村切
05 名主（庄屋・肝煎）
06 組頭
07 百姓代
08 村方三役
09 本百姓
10 結・もやい
11 村請制
12 村入用
13 五人組
14 水呑（無高）
15 名子・被官
16 本途物成
17 小物成
18 高掛物
19 国役
20 伝馬役
21 検見法
22 定免法
23 四公六民
24 五公五民
25 田畑永代売買の禁止令
26 分地制限令
27 田畑勝手作りの禁
28 地子
29 町名主
30 町年寄
31 地借
32 借家・店借

百姓（幕領）統制

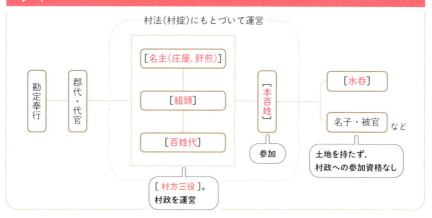

村法（村掟）にもとづいて運営

[名主（庄屋, 肝煎）]

[組頭]

[百姓代]

[村方三役]。
村政を運営

勘定奉行

郡代・代官

[本百姓]

参加

[水呑]

名子・被官 など

土地を持たず,
村政への参加資格なし

本百姓の負担のまとめ

負担	内容
[本途物成]	検地帳登録の田畑に課せられた年貢。
[小物成]	山野河海の利用や農業以外の副業へ課される。
[高掛物]	村高により課される付加税。宿駅の費用など。
[国役]	土木工事などの労働を1国単位で課される。
[伝馬役]	公用交通に人足や馬の提供が課される。

町人（江戸）統制

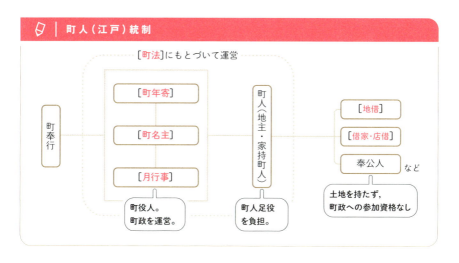

[町法]にもとづいて運営

[町年寄]

[町名主]

[月行事]

町役人。
町政を運営。

町奉行

町人（地主・家持町人）

町人足役
を負担。

[地借]

[借家・店借]

奉公人 など

土地を持たず,
町政への参加資格なし

5分で流れをチェック

◎ 徳川家康はリーフデ号で漂着したオランダ人 [01] とイギリス人 [02] を外交・貿易顧問とした。1604年に生糸を [03] （のち江戸・大坂も）商人に一括購入させる [04] が設けられ，1609年にオランダ，1613年にイギリスに貿易が許可され，平戸に商館が設置された。スペイン領 [05] との通商もはかられ，京都商人 [06] がアメリカ大陸に派遣された。1613年に伊達政宗も家臣 [07] をスペインに派遣（[08]）した。海外渡航を許可された [09] がさかんで南方に日本町も形成され，長の [10] はタイの [11] に重用された。…………

◎ 1623年にイギリスは商館を閉鎖し，1624年にスペイン船来航は禁止された。1633年に老中の許可状のある [12] を除く海外渡航を禁止し，1635年に日本人の海外渡航も禁止（[13]），1639年にポルトガル船来航も禁止（[14]），1641年にオランダ商館を長崎の出島に移設し，鎖国となった。…

◎ 中国では明が滅亡して清が成立，鎖国時にオランダ・清と正式な国交は結ばず，それぞれ貿易船が長崎に来航し，オランダ商館長が提出する [15] により海外情報を入手した。1689年に [16] が設置，清の商人は居住地を限定された。…

◎ 朝鮮とは1609年に [17] を結び釜山に倭館を設置，対馬藩主宗氏は朝鮮貿易を独占してその利潤を知行とした。朝鮮からは [18]（のち [19]）が派遣された。薩摩の [20] は1609年琉球王国を征服したが，琉球の中国への朝貢を継続させた。琉球は幕府の将軍就任時に [21] を，自国王就任時に [22] を幕府に派遣した。蝦夷ヶ島の蠣崎氏は [23] と改称，アイヌ交易は [24] から，1669年の [25] によるアイヌの屈服を経て，[26] となった。…………

◎ 寛永期の文化で，[27] が朱子学を啓蒙，門人 [28] は林家の祖となった。霊廟建築に [29] が用いられ，書院造に茶室を採用した [30] もつくられた。絵画では御用絵師の [31]，『風神雷神図屏風』の [32]，舟橋蒔絵硯箱の [33] が現れた。有田で [34] が赤絵を完成した。…………

重要語句

01 ヤン=ヨーステン（耶揚子）
02 ウィリアム=アダムズ（三浦按針）
03 京都・堺・長崎
04 糸割符制度
05 メキシコ（ノビスパン）
06 田中勝介
07 支倉常長
08 慶長遣欧使節
09 朱印船貿易
10 山田長政
11 アユタヤ朝
12 奉書船
13 寛永十二年禁令
14 寛永十六年禁令
15 オランダ風説書
16 唐人屋敷
17 己酉約条
18 回答兼刷還使
19 通信使
20 島津家久
21 慶賀使
22 謝恩使
23 松前氏
24 商場知行制
25 シャクシャインの戦い
26 場所請負制度
27 藤原惺窩
28 林羅山（道春）
29 権現造
30 数寄屋造
31 狩野探幽
32 俵屋宗達
33 本阿弥光悦
34 酒井田柿右衛門

江戸時代初期の外交の流れまとめ

年	おもな政策
1616年	○ 寄港地を平戸・長崎に限る（中国船除く）。
1623年	○ オランダに敗れ [イギリス] が平戸より退去。
1624年	○ [スペイン] 船の来航禁止。
1633年	○ [奉書船] 以外による日本船の海外渡航禁止。
1635年	○ 日本人の海外渡航と在外者の帰国を禁止。
1639年	○ [ポルトガル] 船の来航禁止。
1641年	○ オランダ商館を [平戸] から長崎 [出島] に移設。
1689年	○ 清商人の居住地を [唐人屋敷] に限定。

４つの窓口を通じた外交

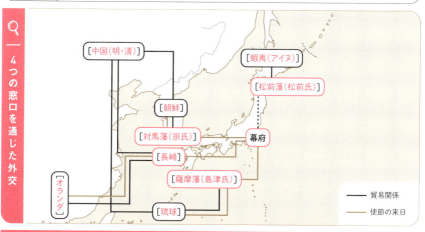

寛永期の文化のまとめ

儒学	○ 朱子学が相国寺僧だった [藤原惺窩] や門人 [林羅山（道春）] により広められる。
文芸	○ 絵入り小説の [仮名草子] が出現。京都の [松永貞徳] による貞門俳諧が流行。
建築	○ [日光東照宮]…徳川家康をまつる。霊廟建築様式の [権現造] の代表例。
	○ [桂離宮]…書院は茶室風建築の [数寄屋造] の代表。
絵画	○ [風神雷神図屏風]…琳派の先駆である京都の町衆 [俵屋宗達] による。
	○ 大徳寺方丈襖絵…幕府の御用絵師である [狩野探幽] による。
工芸	○ 色絵花鳥文深鉢…上絵付の技術で赤絵を完成した [酒井田柿右衛門] による。
	○ [舟橋蒔絵硯箱]…楽焼などでも活躍した京都の町衆 [本阿弥光悦] による。
陶磁器	○ 朝鮮人陶工の技術伝来。島津氏の [薩摩焼]，鍋島氏の [有田焼] などが生産される。

☑️ | **重要語句**

◉ 4代将軍 [01] の時代，叔父で会津藩主の [02] らが将軍を支えた。1651年に**由井（比）正雪**による [03] がおこり，**牢人**の増加防止で [04] の禁止を緩和（後継ぎのいない大名の養子取りを一部許可）した。1657年に [05] で江戸城や市街が焼け大被害を受けた。1663年には [06] を禁止して，主人ではなく主家への奉公を義務とした。‥‥‥‥

◉ 諸藩では藩政の刷新がはかられた。岡山では [07] が郷校の [08] を設立し，陽明学者の [09] を重用した。[09] は私塾の**花畠教場**を設けている。会津では [02] が [10] から朱子学を学んだ。水戸では [11] が朱舜水に学び，江戸に彰考館を設立して『[12]』の編纂を開始した。加賀では [13] が朱子学者の [14] をまねいた。‥‥‥‥

◉ 5代将軍 [15] の時代，大老 [16] が将軍を補佐し，のちに側用人 [17] が補佐した。儒教を重視する [15] は孔子廟大成殿の [18] を建て，[19] を**大学頭**に任じ，[20] を整備して**林家**に主宰させ，1685年に殺生を禁じる [21] を発布した。財政面では**勘定吟味役**（のち勘定奉行）の [22] が慶長小判より金含有率を下げた [23] を発行して差額利益（出目）を上げたが，貨幣価値が下落し物価が上昇して，民衆生活を圧迫した。

◉ 6代将軍 [24] と7代将軍 [25] の時代，朱子学者 [26] と側用人 [27] により**正徳の政治**と呼ばれる政治刷新がはかられた。皇統保持をはかる [28] の創設や，朝鮮通信使の使節待遇を簡素化してその日本宛国書の将軍の称号「**日本国大君**」を「[29]」に変更させた。‥‥‥‥

◉ 財政面では [26] は金含有率を下げた [23] から，慶長小判と同率である [30] を鋳造して物価上昇の抑制をはかった。貿易により日本から多くの金銀が流出したため，長崎貿易を制限する [31]（長崎新令・正徳新令）を1715年に発布し，清船は年30隻・銀高6000貫，オランダ船は年2隻・銀高3000貫に貿易額を制限した。‥‥‥‥

📝 文治政治の流れまとめ

将軍	補佐	年	おもなできごと
4代 徳川家綱	[保科正之] ↓ 酒井忠清	1651	○ [牢人] 増加の防止のため，[末期養子] の禁止緩和。 →背景…[由井（比）正雪] や牢人らによる幕府転覆の [慶安の変]。
		1657	○ [明暦の大火] で江戸城や市街が燃え死者多数。 →復興資金が幕府財政危機の一因。
		1663	○ [殉死] を禁止し，新しい主君への奉公を義務付け。
5代 徳川綱吉	堀田正俊 ↓ [柳沢吉保]	1683	○ 武家諸法度（天和令）で忠孝・礼儀を重視し文治政治推進。
		1685	○ 動物愛護の最初の [生類憐みの令] を発布。
		1691	○ 林鳳岡（信篤）が大学頭に任命され [湯島聖堂] も完成。
		1695	○ 慶長小判より金含有率を下げた [元禄小判] を発行。
6代 徳川家宣	[正徳の政治] ↓ [新井白石]	1710	○ 幕府の費用で新しい宮家の [閑院宮家] 創立。
		1711	○ 通信使の国書の将軍表記を「[日本国王]」へ変更。
7代 徳川家継		1714	○ 物価上昇の抑制をはかり [正徳小判] の鋳造。
		1715	○ [海舶互市新例] で長崎貿易の貿易額を制限。

📝 藩政刷新のまとめ

学者をまねき，藩政の刷新をはかる名君が出現。

岡山藩	○ [池田光政]…郷校 [閑谷学校] の設立。陽明学者 [熊沢蕃山] をまねく。
会津藩	○ [保科正之]…朱子学者 [山崎闇斎] をまねく。
水戸藩	○ [徳川光圀]…彰考館を設立し『[大日本史]』の編纂開始。朱舜水をまねく。
加賀藩	○ [前田綱紀]…朱子学者 [木下順庵] をまねく。

📝 小判の金含有量の推移

POINT
- 幕府財政難から金の含有量が減らされている。
- 新井白石は正徳小判を慶長小判と同質にし，物価の上昇を抑えようとした。
- 万延小判は開港後の金流失を防ぐために極端に重量が少ない。

『日本通貨変遷図鑑』より

41 江戸時代の経済・産業①

◎ 江戸時代に各産業が発展し, 新田開発では都市商人資金による [01] で耕地が拡大した。林業では尾張の [02], 秋田の [03] が有名になった。漁業では網漁中心の [04] が広まり, 網漁経営者である [05] ら有力漁民は, 零細漁民の [06] を使って漁場を占有した。……………………………

◎ 手工業では村々で家内手工業が発達し, [07] を用いて綿織物が生産された。………………………………………

◎ 鉱山業では [08] 金山（佐渡）, [09] 銀山（石見）, [10] 銀山（但馬）, [11] 銀山（出羽）, [12] 銅山（下野）・[13] 銅山（伊予）などの鉱山があり, 海外伝来の銀の精錬技術である [14] により生産量も増大した。日本は17世紀初頭に世界の3分の1の産銀量で世界有数となり, 17世紀後半には金銀産出量が減少したが, 銅産出量は増大した。鉄では足踏み式の送風装置を使用する [15] がおこなわれた。………………………………………………

◎ 商業では, 長崎の末次平蔵, 京都の [16] や茶屋四郎次郎, 摂津平野の [17] らの [18] が, 近世初期に朱印船貿易などで富を得たが, 鎖国後は衰えた。17世紀後半には江戸・大坂・京都などの都市を根拠地とし生産者・荷主と, 仲買・小売を仲介する倉庫業を兼ねた [19] が活躍した。[19] や仲買による同業者団体の [20] がつくられ, 流通独占などをめざす江戸の [21] や大坂の [22] もつくられた。「現金かけねなし」の商法で両替商も兼ねた [23] の [24] 家（始祖：[25]）のような大商人が出現し, [19] が生産地の百姓に資金や原料を貸与してその生産物を購入する [26] も展開された。…………………………………………………

◎ 大都市などで [19] と仲買が売買する卸売市場が発達した。江戸では [27] の魚市場, [28] の青物市場, 大坂では [29] の米市場, [30] の魚市場, [31] の青物市場が有名である。………………………………………………

	重要語句
01	町人請負新田
02	木曽檜
03	秋田杉
04	上方漁法
05	網元
06	網子
07	地機（いざり機）
08	佐渡
09	石見
10	生野
11	院内
12	足尾
13	別子
14	灰吹法
15	たたら製鉄
16	角倉了以
17	末吉孫左衛門
18	豪商
19	問屋
20	仲間
21	十組問屋
22	二十四組問屋
23	越後屋呉服店
24	三井
25	三井高利
26	問屋制家内工業
27	日本橋
28	神田
29	堂島
30	雑喉場
31	天満

🔍 | 江戸時代の諸産業MAP

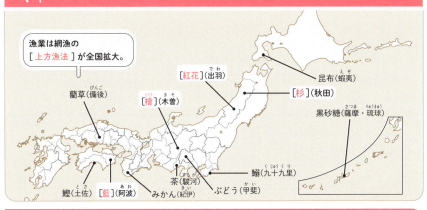

漁業は網漁の
[上方漁法] が全国拡大。

[紅花](出羽)

蘭草(備後)

[檜](木曽)

昆布(蝦夷)

[杉](秋田)

黒砂糖(薩摩・琉球)

鰯(九十九里)

茶(駿河)

ぶどう(甲斐)

鰹(土佐)

[藍](阿波)

みかん(紀伊)

🔍 | 江戸時代のおもな鉱山MAP

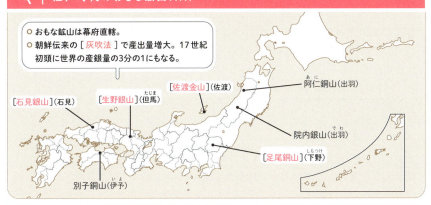

○ おもな鉱山は幕府直轄。
○ 朝鮮伝来の [灰吹法] で産出量増大。17世紀
　初頭に世界の産銀量の3分の1にもなる。

[佐渡金山](佐渡)

阿仁銅山(出羽)

[石見銀山](石見)

[生野銀山](但馬)

院内銀山(出羽)

[足尾銅山](下野)

別子銅山(伊予)

🗓 | 江戸時代に拡大した流通経済

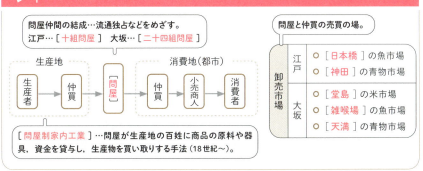

問屋仲間の結成…流通独占などをめざす。
江戸…[十組問屋]　大坂…[二十四組問屋]

問屋と仲買の売買の場。

生産地　　　　　　　　　　　消費地(都市)

生産者 → 仲買 → [問屋] → 仲買 → 小売商人 → 消費者

[問屋制家内工業]…問屋が生産地の百姓に商品の原料や器
具，資金を貸与し，生産物を買い取りする手法(18世紀〜)。

| 卸売市場 | 江戸 | ○ [日本橋]の魚市場
○ [神田]の青物市場 |
| | 大坂 | ○ [堂島]の米市場
○ [雑喉場]の魚市場
○ [天満]の青物市場 |

🕐 5分で流れをチェック ☑️ 重要語句

🔴 江戸時代に農業が発展し、田畑面積は拡大した。農具では田の荒おこしをする深耕用の [01]、従来の扱箸より効率的になった脱穀器の [02]、穀粒と籾殻を送風により選別する [03]、金網により粒の大きさで選別する [04]、従来の二人でおこなう龍骨車から一人用となった足踏み式揚水機の [05] などが普及した。⋯⋯⋯⋯⋯⋯⋯⋯⋯⋯⋯⋯⋯

🔴 肥料は刈敷が不足し、都市周辺では下肥が、商品作物生産が発達した場所では [06] が普及した。[06] とは、鰯や鰊を日干しにした [07] や、鰯や鰊などから油をしぼった [08]、菜種などから油をしぼった [09] などを肥料として購入するものである。⋯⋯⋯⋯⋯⋯⋯⋯⋯⋯⋯⋯

🔴 農業の技術書も普及し、17世紀には『清良記』や、[10] により日本初の体系的な農書である『[11]』が著された。19世紀には [12] により農具の用法を記した『農具便利論』や作物の栽培法を記した『[13]』が著された。⋯⋯⋯⋯

🔴 各地で商品販売を目的とした四木三草などの [14] が生産され、出羽村山地方の [15]、阿波の [16] などの特産物が生まれた。織物では、河内の [17]、高級絹織物として京都の [18] などが生産された。⋯⋯⋯⋯⋯⋯⋯⋯⋯⋯⋯⋯⋯⋯⋯⋯

🔴 江戸・大坂・京都の [19] は世界有数の大都市となった。江戸は [20] と呼ばれ、人口約100万人の日本最大となる消費都市だった。江戸では旗本・御家人の俸禄米を代理売却などする商人の [21] も活躍した。大坂は [22] と呼ばれる大商業都市だった。西日本や日本海側の諸藩が [23] をおき、自国の年貢米などの [24] を、[25]（[24] の販売・保管など担当）や [26]（[24] の販売代金の出納など担当）に扱わせた。民間商人が扱う [27] も活発に取引された。京都は天皇家・公家らが居住し、著名な寺社も集中する都市で、染物である [28] や、陶磁器である [29]、そして [18] などの高い技術の手工業が発達した。⋯⋯⋯⋯⋯

重要語句

01 備中鍬
02 千歯扱
03 唐箕
04 千石簁
05 踏車
06 金肥
07 干鰯
08 〆粕
09 油粕
10 宮崎安貞
11 農業全書
12 大蔵永常
13 広益国産考
14 商品作物
15 紅花
16 藍玉
17 木綿
18 西陣織
19 三都
20 将軍のお膝元
21 札差
22 天下の台所
23 蔵屋敷
24 蔵物
25 蔵元
26 掛屋
27 納屋物
28 京染
29 京焼

🖊 江戸時代の農具のまとめ

農具	▲ [備中鍬] 3本刃の深耕用の鍬	▲ [千歯扱] 扱箸より大量脱穀が可能	▲ [唐箕] 穀粒と籾殻を送風で選別	▲ [千石簁] 金網で粒の大小を選別	▲ [踏車] 一人用の揚水機
肥料	○ 下肥や，[金肥]（干鰯・〆粕・油粕など）が普及。				
農書	○『[農業全書]』…[宮崎安貞]による。日本初の体系的な農学書。 ○『農具便利論』…[大蔵永常]による。農具の用法を記す。 ○『[広益国産考]』…[大蔵永常]による。作物の栽培法などを記す。				

🔍 江戸時代の特産品MAP

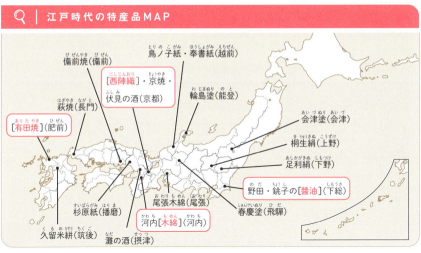

備前焼（備前）

鳥ノ子紙・奉書紙（越前）

[西陣織]・京焼・伏見の酒（京都）

輪島塗（能登）

萩焼（長門）

会津塗（会津）

[有田焼]（肥前）

桐生絹（上野）

足利絹（下野）

杉原紙（播磨）

尾張木綿（尾張）

野田・銚子の[醤油]（下総）

久留米絣（筑後）

河内[木綿]（河内）

春慶塗（飛騨）

灘の酒（摂津）

🖊 蔵屋敷と物流

[蔵屋敷]は諸藩の年貢米などの[蔵物]の倉庫・販売取引所。大坂や江戸などにおかれた。

蔵屋敷
[蔵元]・[掛屋]
管理

農家（生産者）
年貢米・特産物

[蔵物]
売却・売却代行

[札差]（江戸のみ）

米・特産物

[納屋物]

5分で流れをチェック

◎ 陸上交通が整備され，江戸の [01] を起点とした [02]（〜京都または大坂），[03]（〜草津），[04]（〜下諏訪），[05]（〜日光），[06]（〜白河）の**五街道**が整備され，[07] に管理された。脇路で [08] も整備された。…………

◎ 街道途中には**宿駅**が設けられ，大名らが宿泊する [09]，それをおぎなう [10]，一般旅行者用の寝食設備のある [11] もあった。関東の関所は「[12]」（江戸への武器搬入と大名の妻の江戸脱出）を監視した。交通は幕府や大名が最優先で，その人馬が徴発される [13] の夫役を [14]で管理した。[13] でおぎなえない場合の補助となる [15]もあった。荷物の継ぎ送りには幕府公用に [16] が使用され，諸大名には [17]，町人には [18] があった。………………

◎ 河川交通では京都の豪商 [19] が高瀬川や富士川などを開いた。海上交通では**南海路**（江戸〜大坂）で [20] や，のちに酒荷用の [21] が運航した。江戸の商人 [22] が[23]（東北日本海沿岸から津軽海峡や太平洋沿岸を経て江戸に至る航路）と [24]（日本海沿岸の酒田を起点に下関，瀬戸内海，大坂を経て江戸に至る航路）を整備して海上交通網を完成した。[24] では**北前船**が発達した。[21] は酒以外の商品も安価に上積みして運送するようになり，[20]と争って圧倒的に優位となった。………………………

◎ 同規格で同品質な金貨銀貨の [25] が鋳造され，各地の**銭座**で [26] も鋳造された。金貨は額面や枚数で通用する [27] で単位は [28]，**金座**で**小判**や**一分金**などが鋳造された。銀貨は重量計測で価値を決める [29] で，単位は[30]，**銀座**で**丁銀**や**豆板銀**などが鋳造された。………………

◎ 金貨・銀貨・銭貨の**三貨**の交換基準は相場変動し，東日本ではおもに [31] で，西日本ではおもに [32] であり，各藩で発行された**藩札**も領内で流通した。三貨の両替や天秤での秤量を [33] がおこない，有力 [33] である [34] は為替や公金出納，大名への貸付などもおこなった。…………

重要語句

街道	○ [五街道] と [脇街道] が整備された。街道には多くの [宿駅] がおかれ，大名らの宿泊する [本陣・脇本陣]，旅行者用の [旅籠屋] や，問屋場などがおかれた。
交通	○ [伝馬役] …御用交通のため，近隣の百姓が負担する人足と馬。
	○ [継飛脚] …荷物の継ぎ送り。問屋場で管理。
河川	○ 京都の豪商 [角倉了以] により富士川や高瀬川が開かれる。
海	○ [東廻り海運] …日本海沿岸から津軽海峡や太平洋沿岸を経て江戸に至る。
	○ [西廻り海運] …出羽酒田を起点に下関，大坂など経て江戸に至る。 [北前船] が発達。
	○ [南海路] …大坂と江戸を結ぶ。 [菱垣廻船] や [樽廻船] が就航。

🔍 | 江戸時代の交通MAP

貨幣と金融のまとめ

三貨		
金貨	銀貨	銭貨
○ 金座で鋳造	○ 銀座で鋳造	○ 銭座で鋳造
○ 大判・[小判]・[一分金]	○ [丁銀]・[豆板銀]・一分銀	○ [寛永通宝]
○ [計数貨幣] 純度が一定で額面や枚数で価値を決める。	○ [秤量貨幣] 純度が一定ではなく，天秤で重さをはかり鑑定して価値を決める。	○ [計数貨幣] 純度が一定で額面や枚数で価値を決める。
単位：[両]・[分]・[朱]	単位：[貫]・[匁]・分・厘・毛	単位：[貫]・[文]
金遣い：[東日本] で主流通	銀遣い：[西日本] で主流通	全国で流通

⏱ 5分で流れをチェック　　　　　　　　　　　　　☑ **重要語句**

◎ 5代将軍徳川綱吉の時代には，一般町人なども文化の担い手となる**元禄文化**が生まれた。小説では大坂の町人[01]が代表的で，享楽的で好色な内容の[02]を描いた。主な作品に遊女との愛欲を描く**好色物**の『[03]』，金銭や出世を描く**町人物**では『[04]』や大晦日の借金取立てを描く『[05]』，**武家物**の『[06]』などがある。……………………

◎ 俳句では伊賀出身の[07]が代表的である。大坂の[08]が奇抜な**談林派**を形成していたが，[07]はさび・しおり・かるみなどに示される文学的な[09]を確立した。主な作品に東北・北陸地方から美濃に至る俳諧紀行文の『[10]』がある。……………………

◎ 脚本では[11]が代表的である。彼は歌舞伎や人形浄瑠璃の脚本で義理と人情で葛藤する人を描いた。その脚本を[12]が人形浄瑠璃で語り，**義太夫節**を完成させた。[11]の主な作品には彼の最初の**世話物**である『[13]』や明の鄭成功をモデルとした**時代物**の『[14]』などがある。…

◎ 歌舞伎では江戸で**荒事**を演じた初代[15]，上方で恋愛劇である**和事**を演じた[16]が代表で，**女形**の[17]も女形芸を大成した。歌舞伎は民衆の演劇として，江戸や上方に常設の**芝居小屋**もあった。当初は女性の舞踊を中心とした[18]だったが禁止され，美少年による[19]が人気になったが禁止され，成年男性による[20]のみとなった。…

◎ 絵画では土佐派で朝廷に抱えられた[21]，住吉派で幕府御用絵師となった**住吉如慶**・[22]父子が活躍した。俵屋宗達の画法から**琳派**をおこし『[23]』や『**燕子花図屏風**』を描いた[24]，**浮世絵**版画の創始者で，肉筆美人画の『[25]』を描いた[26]も活躍した。陶器では**京焼**の祖となった[27]が**色絵**を完成させた。染物では**友禅染**の[28]が活躍した。工芸では[24]の『[29]』が有名である。建築では戦国時代に三好・松永の兵乱で[30]が焼失して大仏に屋根のない状態となっていたが再建された。……………

小説	○ [井原西鶴]…愛欲や金銭欲などを描く[浮世草子]。『[好色一代男]』,『[日本永代蔵]』,『[世間胸算用]』,『[武道伝来記]』など。
俳句	○ [松尾芭蕉]…談林派に対し,幽玄閑寂な蕉風(正風)俳諧を確立。『[奥の細道]』,『猿蓑』など。
脚本	○ [近松門左衛門]…人形浄瑠璃や歌舞伎の脚本。『[曽根崎心中]』,『[国性(姓)爺合戦]』など。
人形浄瑠璃	○ [竹本義太夫]…近松門左衛門の脚本を語り,[義太夫節]を完成。
歌舞伎	○ [市川団十郎]…江戸。荒々しい演技である[荒事]により好評を得る。
	○ [坂田藤十郎]…上方。恋愛劇の[和事]により好評を得る。
美術	○ [土佐光起]…土佐派。朝廷に抱えられる。
	○ [住吉如慶]…住吉派の祖。狩野派とともに御用絵師となる。
	○ [住吉具慶]…住吉派。狩野派とともに御用絵師となる。『洛中洛外図巻』。
	○ [尾形光琳]…『[紅白梅図屏風]』,『燕子花図屏風』,[八橋蒔絵螺鈿硯箱]など。
	○ [菱川師宣]…浮世絵版画で活躍。『見返り美人図(肉筆画)』。
	○ [野々村仁清]…京焼の祖。『色絵藤花文茶壺』。
	○ [宮崎友禅]…京都の絵師で,友禅染の創始者。

◀『[見返り美人図]』

▲[八橋蒔絵螺鈿硯箱]

いずれも出典:ColBase
(https://colbase.nich.go.jp/)

🔴 身分秩序などを重視する儒学，とくに**朱子学**が幕府や藩に重んじられた。朱子学には京都の**京学**と土佐の [01] がある。京学は**藤原惺窩**を祖として，門人の**林羅山**やその子孫の**林家**は**林鷲峰**，[02] と代々幕府に仕えた。[01] は [03] が確立し，**垂加神道**を説いた [04] らが出た。………

🔴 朱子学に対し，明の [05] が創始した**陽明学**は実践による認識を重視する [06] を特色とし，近江聖人の [07] や，岡山藩主池田光政に仕えた [08] が出た。[08] は『[09]』で幕政を批判し，幕府に幽閉され死去した。………………

🔴 朱子学や陽明学に対し，原点である孔子・孟子の真意に直接立ち返ろうとする**古学**も生まれた。その中に，『[10]』で朱子学を批判して配流され，『**中朝事実**』で日本を中朝とした**聖学**の [11]，古義堂を創立した**堀川学派**の [12]，蘐園塾を開き『[13]』を著し8代将軍徳川吉宗にも用いられた**古文辞学派**の [14] やその弟子で『**経済録**』を著した [15] らがいる。………………

🔴 歴史学では新井白石が独自の時代区分による歴史書『[16]』を著した。また新井白石は，江戸に幽閉されたイタリア人宣教師 [17] の訊問で得た知識により，世界地理書『[18]』や西洋研究書『[19]』を著した。薬草などの研究である**本草学**（博物学）では [20] の『**大和本草**』，[21] らの『**庶物類纂**』が著され，農学では [22] の『**農業全書**』が著され，日本独自の数学である和算では [23] の『**塵劫記**』，[24] の『**発微算法**』が著された。天文学では [25] が日本独自の暦である [26] をつくり，幕府が設けた天文観測や編暦などをおこなう [27] として採用された。………

🔴 国文学の研究も始まり，[28] は制の詞（和歌に使用できない言葉）を定めることの無意味さを説いた。[29] は『**万葉集**』を研究して和歌を道徳的に解釈する説を批判する『**万葉代匠記**』を著し，[28] の正しさを説いた。[30] は『**源氏物語**』の注釈書である『**源氏物語湖月抄**』を著した。………

江戸時代の儒学のまとめ

朱子学	京学	○ [藤原惺窩]…京学の祖。相国寺僧だったが還俗して朱子学を啓蒙。
		○ [林羅山]…藤原惺窩の門人で，家康の侍講に。林家の祖。
		○ 林鵞峰…林羅山の子。父と歴史書『[本朝通鑑]』を編纂。
		○ [林鳳岡]…林鵞峰の子。大学頭となる。
		○ [木下順庵]…加賀前田家に仕える。新井白石は家塾の門人。
		○ [新井白石]…正徳の政治を主導。儒教による理想主義的な政治。
		○ [室鳩巣]…徳川吉宗の侍講。
	南学 （海南学派）	○ 南村梅軒…戦国時代の儒学者で，南学の祖とされている。
		○ 谷時中…南学を確立した実質上の祖。
		○ [山崎闇斎]…吉田神道と儒学を融合の [垂加神道] 創始。
		○ 野中兼山…土佐藩の家老。谷時中に学ぶ。
陽明学		○ [中江藤樹]…近江聖人。日本陽明学の祖。
		○ [熊沢蕃山]…岡山藩主池田光政に仕える。『大学或問』の幕府批判で下総に幽閉。
古学	聖学	○ [山鹿素行]…『聖教要録』の朱子学批判で配流。『中朝事実』も著す。
	堀川学派	○ [伊藤仁斎]…京都に [古義堂] を開く。
	古文辞学派	○ [荻生徂徠]…『[政談]』。[蘐園塾] を開く。徳川吉宗に用いられる。
		○ [太宰春台]…荻生徂徠の弟子。武士の商業を説く『経済録』を著す。

江戸時代の諸学問のまとめ

人物	内容
[新井白石]	歴史書『[読史余論]』，自伝『折たく柴の記』，イタリア人シドッチの情報より世界地理書『[采覧異言]』・西洋研究書『[西洋紀聞]』を著す。
[貝原益軒]	本草学。動物・鉱物・植物を分類解説した『[大和本草]』を著す。
[稲生若水]	博物学的な本草書『[庶物類纂]』を著す。
[宮崎安貞]	日本初の体系的な農書『[農業全書]』を著す。
[吉田光由]	和算書『[塵劫記]』を著す。
[関孝和]	和算を大成。和算書『[発微算法]』を著す。
[渋川春海 （安井算哲）]	日本独自の暦である [貞享暦] を完成。幕府で天文観測や編暦などをおこなう幕府の [天文方] として採用される。

🔘 1716年に7代将軍徳川家継が幼少で死去した。これで徳川宗家が途絶え，**三家**の［01］藩主である［02］が8代将軍となった。［03］とも呼ばれる［02］の幕政改革を**享保の改革**という。新井白石を罷免し［04］による政治もやめて将軍の意思を政治に反映させた。裁判や刑の基準を定めた［05］を制定し，1615年以降の触れを［06］として類別に編纂させた。徳川将軍家の安定もはかり，［07］（次男の宗武）と［08］（四男の宗尹）をおこさせた。［09］（9代将軍徳川家重の次男重好）とあわせた三家を［10］という。…

🔘 ［02］は有能な人材を登用し，旗本で町奉行となった［11］，名主出身で『民間省要』を著した［12］，古学者で『政談』を著した［13］や朱子学者の［14］らを用いた。旗本の登用には［15］を実施し，各役職に［16］（基準石高）を定め，それ以下の禄高のものが役職に就任した場合，在職期間のみ不足分を追加した。またキリスト教関係以外の漢訳洋書の輸入制限を緩和し［17］と本草学者の［18］にオランダ語を習得させた。……………………………………

🔘 1719年に［19］を発布し，増加した金公事（金銭貸借の争い）を幕府に訴えるのではなく当事者間で解決させて訴訟事務の軽減をはかった。また1722年に［20］という大名から石高1万石につき［21］の割合で米を臨時に上納させる施策を実施した。かわりに［22］の江戸在府期間を半年と半減させて大名の負担を軽減した。これらは1730年まで実施された。倹約令も出され支出削減もはかられた。…………

🔘 年貢率を引上げようと従来の［23］から［24］が採用され，収入も増加した。米価格の安定化もはかり，大坂［25］の米市場を公認した。［26］（さつまいも）の栽培なども奨励し，［17］に［26］を普及させて飢饉に備えた。………………

🔘 庶民の意見を参考にするため，評定所に［27］が設置され，その意見により貧民の医療施設である［28］が設置された。また，都市改造や［29］を組織させるなど，防火策を進めた。…

🖊 │ 享保の改革のまとめ

中心人物	○ 8代将軍 [徳川吉宗]
人材登用	○ [大岡忠相]…江戸町奉行。小石川養生所や町火消を設ける。公事方御定書も編纂。
	○ [田中丘隅]…川崎宿の名主。地方支配の手引書『民間省要』を著す。
	○ [荻生徂徠]…古学者。『政談』を著す。
	○ [室鳩巣]…朱子学者。徳川吉宗の侍講。
おもな 政策・制度	○ [相対済し令]…金銭貸借の争いを当事者間で解決させて訴訟事務の軽減。
	○ [上げ米]…大名に石高1万石につき [100石] の割合で米を上納させる。
	○ [公事方御定書]…1742年に完成。裁判や刑の基準を定めた。
	○ [定免法] の採用…過去数年間の年貢高を基準に，一定期間，税率を固定する。
	○ 作物栽培の奨励…[甘藷]・[朝鮮人参] など。[青木昆陽] に甘藷を栽培させる。
	○ 米価格の安定化…大坂 [堂島] 米市場の公認。
	○ 漢訳洋書の輸入制限緩和…キリスト教以外の洋書の漢訳本の輸入制限を緩和。
	○ オランダ語学習…[青木昆陽]・[野呂元丈] に学ばせる。
	○ [目安箱]…投書箱。将軍自身が開封して内容を確認した。
	○ [小石川養生所]…貧民の医療施設。目安箱の投書により設置される。
	○ [町火消]…消防組織。いろは47組（のちに48組）の火消組合。

> ……それニ付，御代々御沙汰之無き事ニ候得共，万石以上の面々より<u>八木</u>差し上げ候様ニ仰
> せ付けらるべしと思召し，……高壱万石に付<u>八木</u>百石積り差し上げらるべく候。……之に依り，
> 在江戸半年充御免成され候間，緩々休息いたし候様ニ仰せ出され候。　（『御触書寛保集成』）

 POINT | 史料の「八木」は，[米] のこと。史料は1722年からの [上げ米] の令。石高1万石につき100石を上
納させ，そのかわりに参勤交代の在府期間を半年とした。

🖊 │ 足高の制

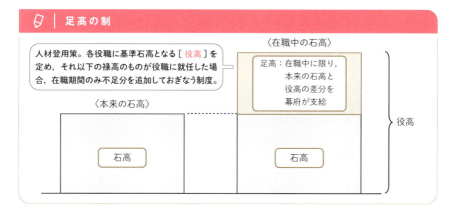

人材登用策。各役職に基準石高となる [役高] を定め，それ以下の禄高のものが役職に就任した場合，在職期間のみ不足分を追加しておぎなう制度。

〈在職中の石高〉
足高：在職中に限り，本来の石高と役高の差分を幕府が支給

〈本来の石高〉
石高　石高

役高

🕐 | 5分で流れをチェック

☑ | **重要語句**

◉ 18世紀後半，村では困窮した百姓の土地を質にとって地主となり，小作料をとる［ 01 ］と呼ばれる有力百姓が生まれた。一方で，田畑を失った百姓が都市部に流出したりし，村役人の不正を追及する［ 02 ］も頻発した。都市では貧民が増加した。……………………………………………

◉ 百姓一揆では，17世紀後半には村の代表者が村の要求をまとめて直訴する［ 03 ］が増加し，下総の［ 04 ］や上野の［ 05 ］のように代表者が［ 06 ］として伝説化した。17世紀末には村民の集団による［ 07 ］（藩領全域に拡大した場合は［ 08 ］）がおこり，村役人らが放射状に署名する［ 09 ］もつくられた。1732年に天候不順などで［ 10 ］がおこり，翌年には江戸で有力米問屋が［ 11 ］にあった。1782年の冷害や翌年の［ 12 ］大噴火などによる［ 13 ］，1833年の**天保の飢饉**では，餓死者が多数発生した。……………………………

◉ 9代将軍［ 14 ］の時代，1758年に［ 15 ］が京都で公家らに尊王論を説いて，追放された［ 16 ］がおこった。…………

◉ 10代将軍［ 17 ］の時代，1767年に江戸で［ 18 ］が尊王斥覇を説いて死刑となった［ 19 ］がおこった。1772年には［ 20 ］が側用人から老中となり実権を握る**田沼時代**となった。［ 20 ］は経済収入を重視し，［ 21 ］を積極的に公認して営業税である［ 22 ］を徴収した。秤量銀貨ではなく計数銀貨で金二朱と等価である［ 23 ］も鋳造して，貨幣制度の金中心化もはかった。商人資本での大規模干拓による新田開発も［ 24 ］で開始したが利根川の洪水で失敗した。………………

◉ 貿易にも熱心で，長崎貿易での銅や［ 25 ］（**いりこ・ふかひれ・干し鮑**）の輸出を奨励した。また仙台藩医師［ 26 ］による『［ 27 ］』の意見を採用し，ロシア人との交易の可能性を確認するため，［ 28 ］らを蝦夷地に派遣し蝦夷地開発を計画した。しかし，賄賂や縁故人事の横行，飢饉による一揆や［ 11 ］が頻発する世相の中，1784年に［ 20 ］の子で若年寄の［ 29 ］が暗殺され，［ 20 ］も1786年に老中を罷免された。……

百姓一揆	[代表越訴型一揆]	17世紀後半	○ 村の要望を村役人が代表して領主に直訴する形式。 ○ 下総の [佐倉惣五郎]，上野の礫茂左衛門らの [義民] が伝説化した。
	[惣百姓一揆]	17世紀末期以降	○ 村民が集団で領主に強訴する。 ○ 一致団結の傘連判状がつくられる。首謀者を不明確にする効果があった。
三大飢饉	[享保の飢饉]	1732年	○ 吉宗の時代。天候不順で発生。
	[天明の飢饉]	1782年〜87年	○ 家治の時代。冷害や [浅間山] 大噴火で発生。
	[天保の飢饉]	1833年〜36年	○ 家斉の時代。天候不順で発生。

多数の死者が発生。金融業者の家屋などを破壊する [打ちこわし] も発生。

村民たちが連名・連判して直訴した。

◀傘連判状

おもな政策

○ 株仲間の公認…積極的に公認し，営業税の [運上・冥加] を徴収。

○ 専売制の実施…[銅座]・[真鍮座]・[朝鮮人参座] など幕府直営の座を設置。

○ 計数銀貨の鋳造…金貨の単位を用いた最初の計数銀貨を鋳造。金二朱と等価の [南鐐二朱銀] が代表的。貨幣制度の金中心化をはかった。

○ 新田開発…商人資本で [印旛沼・手賀沼] の大規模干拓。洪水で失敗。

○ 長崎貿易…[銅] や俵物（[いりこ・ふかひれ・干し鮑]）の輸出を奨励。貨幣鋳造のための金銀の輸入をはかる。

○ 蝦夷地開発計画…[工藤平助] の『[赤蝦夷風説考]』の意見を採用。蝦夷地の開発やロシア人との交易の可能性を確認するため，[最上徳内] を蝦夷地に派遣。田沼意次の失脚で実現せず。

48 宝暦・天明期の文化

⏱ 5分で流れをチェック ☑ 重要語句

◉ 18世紀後半を中心に裕福な百姓や町人らを担い手とした文化や学問が登場した。一般庶民に読み書きを教える初等教育の［ 01 ］により識字率が上昇して読書する人びとも全国で増加した。藩でも藩士らの教育を担う［ 02 ］が設立され，藩の援助を受け，藩士や庶民の教育を担う［ 03 ］が設立された。［ 03 ］には岡山藩主池田光政による［ 04 ］や，大坂町人の出資による［ 05 ］などがある。［ 05 ］は朱子学に陽明学も教え，『出定後語』を著した［ 06 ］や『夢の代』を著した［ 07 ］らを輩出した。民間でも私塾があり，伊藤仁斎による［ 08 ］，荻生徂徠による［ 09 ］，本居宣長による［ 10 ］，大槻玄沢による［ 11 ］などが開かれた。……………

◉ 貸本屋が普及し，本屋の耕書堂を開業した［ 12 ］は様々な出版物を刊行した。小説では浮世草子の衰退後，江戸遊里での遊びを描く［ 13 ］が流行し，代表的作家の［ 14 ］が深川遊里を描いた『［ 15 ］』を著した。風刺的な絵入り小説である［ 16 ］もあり，［ 17 ］が夢の中で大金持ちとなる『［ 18 ］』を著した。しかし寛政の改革で［ 13 ］と［ 16 ］は取り締まられ，版元の［ 12 ］，作家の［ 14 ］・［ 17 ］らは弾圧された。……………

◉ 俳諧では［ 19 ］が絵画的描写で俳句をよみ，俳句の形式を借りた風刺の川柳を［ 20 ］が定着させた。世相を風刺したり皮肉る狂歌もさかんとなり，［ 21 ］らが活躍した。…………

◉ 浄瑠璃では赤穂浪士を脚色した『［ 22 ］』の［ 23 ］，その門下に近松半二が出た。……………

◉ ［ 24 ］が創始した庶民的風俗画の浮世絵版画は，［ 25 ］により一枚刷りの［ 26 ］（多色刷浮世絵版画）として完成された。『婦女人相十品』などを描いた［ 27 ］，大首絵の手法の役者絵などを描いた［ 28 ］が活躍した。円山派の［ 29 ］は遠近法で立体的な作品を描いた。明や清の影響を受けた文人や学者が描いた文人画では［ 30 ］らが活躍した。西洋画では銅版画を創始した［ 31 ］が活躍した。……………

江戸時代の郷校・私塾のまとめ

	名前	設立地	設立者など
郷校・私塾	[花畠教場]	[岡山]	陽明学者 [熊沢蕃山] による私塾。
	藤樹書院	近江小川	中江藤樹による私塾。
	[古義堂]	[京都]	堀川学派の [伊藤仁斎] による私塾。
	[閑谷学校]	[岡山]	[池田光政] による郷校。
	[蘐園塾]	[江戸]	古文辞学派の [荻生徂徠] による私塾。
	[懐徳堂]	[大坂]	大坂町人による私塾, のち郷校。朱子学・陽明学など教授。富永仲基と山片蟠桃を輩出。
	鈴屋	伊勢松坂	[本居宣長] による私塾。
	[芝蘭堂]	[江戸]	[大槻玄沢] による私塾。蘭学を教授。

※宝暦・天明期以外も含む。藩校は P121 を参照。

宝暦・天明期の文化のまとめ

文学・芸能	○ [山東京伝]…洒落本『[仕懸文庫]』。寛政の改革で弾圧。
	○ [恋川春町]…黄表紙『[金々先生栄花夢]』。寛政の改革で弾圧。
	○ [与謝蕪村]…俳人。絵画的描写で俳句を詠む。
	○ [柄井川柳]…川柳の始祖。『誹風柳多留』を撰する。
	○ [大田南畝]…狂歌師。
	○ [石川雅望]…狂歌師。大田南畝に学ぶ。
	○ [竹田出雲 (2世)]…浄瑠璃作者。『仮名手本忠臣蔵』。
	○ 近松半二…浄瑠璃作者。
出版	○ [蔦屋重三郎]…出版業者。本屋の耕書堂を開業。寛政の改革で弾圧。
美術	○ [鈴木春信]…浮世絵師。[錦絵]（多色刷浮世絵版画）の創始者。
	○ [喜多川歌麿]…浮世絵師。『婦女人相十品』。
	○ [東洲斎写楽]…大首絵の手法の役者絵。『三代目大谷鬼次の奴江戸兵衛』。
	○ [円山応挙]…円山派の祖。遠近法の立体的な作品『雪松図屛風』。
	○ [池大雅]…文人画家。『十便十宜図』（与謝蕪村との合作）。
	○ [司馬江漢]…洋風画家。日本の銅版画を創始。『不忍池図』。
	○ 亜欧堂田善…『浅間山図屛風』。

| ⏱ | 5分で流れをチェック | ☑ | 重要語句 |

『采覧異言』や『西洋紀聞』を著した[01]や『華夷通商考』を著した[02]，オランダ語を学んだ[03]や野呂元丈らの存在もあり，**蘭学**（オランダ語を通じた学問）が発達し始めた。これはのちに**洋学**となる。高松藩の[04]が長崎遊学で本草学を研究し，1776年に江戸で[05]を製作した。……

臨床実験重視の漢代の医術へ復古する古医方が出現し，[06]は日本最初の解剖図録の『[07]』を著した。また中津藩医の[08]や小浜藩医の[09]らはドイツで出版された医学解剖書をオランダ語訳した『[10]』を1774年に『[11]』として訳述した。[09]はその苦心談中心の『**蘭学事始**』も著した。[08]と[09]に学んだ[12]は蘭学入門書の『[13]』を著し，江戸に蘭学塾の**芝蘭堂**も開いた。[12]に学んだ[14]は蘭日辞書の『[15]』をつくった。また[16]が西洋の内科書の翻訳『**西説内科撰要**』を著した。…………

実証的な日本の古典研究が契沖らにより始まり，『**古事記**』や『**日本書紀**』の研究などして古道（日本古来の道）を説く[17]となった。**荷田春満**やその門人で『**国意考**』を著した[18]らが洋学・儒教・仏教などの外来思想を廃した古代思想を研究した。[18]に学んだ[19]は『[20]』を著して漢意を攻撃し，日本古来の精神への復古を主張した。[21]は学問所の**和学講談所**を設置して，国書を分類した『[22]』を編集した。………………………

尊王論が儒学と結びつき，天皇を王者として尊ぶ思想として，[23]などにおいて主張された。蒲生君平や頼山陽も尊王論を説いた。18世紀半ばには尊王論を説いた竹内式部が追放刑となる[24]や，『**柳子新論**』で尊王斥覇を説いた[25]が処刑される[26]もおこった。…………………

京都の[27]は心学により，庶民の生活倫理を説き，弟子の[28]らが全国に広めた。陸奥八戸の[29]は『[30]』で万人が耕作する平等な社会を理想とし，武士の農民搾取を批判した。…………………………

01 新井白石
02 西川如見
03 青木昆陽
04 平賀源内
05 摩擦起電機（エレキテル）
06 山脇東洋
07 蔵志
08 前野良沢
09 杉田玄白
10 ターヘル＝アナトミア
11 解体新書
12 大槻玄沢
13 蘭学階梯
14 稲村三伯
15 ハルマ和解
16 宇田川玄随
17 国学
18 賀茂真淵
19 本居宣長
20 古事記伝
21 塙保己一
22 群書類従
23 水戸学
24 宝暦事件
25 山県大弐
26 明和事件
27 石田梅岩
28 手島堵庵
29 安藤昌益
30 自然真営道

古医方	○ [山脇東洋]…日本最初の解剖図録『蔵志』を著す。
蘭学・洋学関連 （宝暦・天明期以外も含む）	○ 新井白石…1708年に屋久島に潜入したイタリア人宣教師シドッチからの入手情報より『采覧異言』,『西洋紀聞』を著す。
	○ [西川如見]…長崎での見聞をもとに『華夷通商考』を著す。
	○ [青木昆陽]…徳川吉宗の命で蘭学を学ぶ。甘藷栽培も実施。
	○ 野呂元丈…徳川吉宗の命で蘭学を学ぶ。
	○ 平賀源内…長崎遊学後に, 摩擦起電機（エレキテル）などを製作。
	○ [前野良沢]…中津藩医。青木昆陽からオランダ語を学ぶ。杉田玄白らと『解体新書』訳述。
	○ [杉田玄白]…小浜藩医。前野良沢らと『解体新書』訳述。『解体新書』翻訳時の苦心談を中心とした『蘭学事始』を著す。
	○ [大槻玄沢]…前野良沢, 杉田玄白に学ぶ。蘭学入門書『[蘭学階梯]』を著す。蘭学塾の芝蘭堂を開設。
	○ [稲村三伯]…大槻玄沢に学ぶ。蘭日辞書『[ハルマ和解]』訳出。
	○ [宇田川玄随]…桂川甫周に学ぶ。西洋内科書の和訳『西説内科撰要』刊行。
国学 （宝暦・天明期以外も含む）	○ 荷田春満…契沖『万葉代匠記』に学ぶ。
	○ [賀茂真淵]…荷田春満に学ぶ。『国意考』。
	○ [本居宣長]…賀茂真淵に学ぶ。『[古事記伝]』で漢意を攻撃。私塾鈴屋を開設。
	○ [平田篤胤]…本居宣長死後の門人を自称。復古神道をとなえる。
	○ [塙保己一]…賀茂真淵に学ぶ。[和学講談所]を開設。『[群書類従]』編纂。
その他思想	○ [林子平]…ロシアに注目し,『三国通覧図説』・『海国兵談』で海岸防備を説く。
	○ [工藤平助]…『赤蝦夷風説考』でロシア貿易や蝦夷地開拓の必要性を説く。
	○ [石田梅岩]…儒教・仏教などの諸説を採用し道徳や礼儀を平易に伝える庶民的な学問の[心学]を広める。商行為の正当性なども説く。
	○ [手島堵庵]…石田梅岩の門に入る。心学を広める。
	○ 中沢道二…手島堵庵に学ぶ。心学を広める。
	○ [安藤昌益]…『[自然真営道]』を著し, 万人が耕作して生活する平等な社会を理想とし, 武士の農民搾取を批判。

🔘 天明の飢饉や，1787年に江戸や大坂で [01] がおこる中，11代将軍 [02] の時代に [03] が老中に就任した。この [03] の改革を**寛政の改革**という。農村対策では各地に米を蓄える [04] をつくらせた。都市対策では無宿人を強制収容する [05] を [06] に設置して職業訓練をおこなった。正業をもたない者の帰村を奨励する [07] も実施した。町入用も節約させ，その節約分の7割を積み立てる [08] も実施した。困窮した旗本・御家人の貸金を [09] に破棄させる [10] も発布した。

🔘 朱子学を [11] とし，**聖堂学問所**で古学や陽明学などの [12] の講義・研究を禁じる [13] を1790年に発布，寛政の三博士とよばれた [14]・[15]・[16]（のち古賀精里にかわる）を聖堂学問所の儒官に任じた。聖堂学問所はのちに幕府直営の [17] となった。出版統制令を発布し，『**三国通覧図説**』や『**海国兵談**』を著した [18] を幕府批判だとして弾圧，洒落本作家の [19] や黄表紙作家の [20] も弾圧した。……

🔘 朝幕間の協調が崩れる [21] 事件がおこった。これは [22] の父である**閑院宮典仁親王**への太上天皇の尊号宣下の要求を [03] が拒否し，宣下同意を求めた武家伝奏を処分した事件である。……………………

🔘 1789年アイヌによる [23] を松前藩が鎮圧した。1792年にはロシアの [24] が根室に来航し，漂流民の [25] を送り届けて通商を要求したが幕府に拒否された。1798年に [26] と**最上徳内**が択捉島を探検し，**大日本恵登呂府**の標柱を立てた。1804年にはロシアの正式使節 [27] が長崎に来航したが追い返されたため，択捉島などを攻撃した。1808年に [28] が**間宮海峡**を発見して**樺太**が島と確認した。また国後島に上陸したロシアの [29] が日本に捕らえられ，ロシアが淡路商人 [30] を抑留，のちにそれぞれ解放された [31] もおこった。………………………

🔘 1808年にはオランダと対立していたイギリスの軍艦が長崎に侵入して長崎奉行の [32] が自害する [33] がおこった。幕府は1825年に，来航する外国船はただちに撃退することを命じた [34] を発布した。……………………

寛政の改革のまとめ

中心人物	○ 老中 [松平定信]
おもな 政策・制度	○ [囲米]…飢饉対策で各地に米を蓄える [社倉・義倉] を設置。
	○ [人足寄場]…無宿人を強制収容して職業訓練する施設を [石川島] に設置。
	○ [旧里帰農令]…正業のないものに資金援助と帰村を奨励。
	○ [七分積金]…町入用を節約して節約分の7割を非常時のため積み立て。
	○ [棄捐令]…困窮した旗本・御家人の貸金を [札差] に破棄させる。
	○ [寛政異学の禁]…朱子学を [正学] とし，1790年に聖堂学問所での [異学] の講義・研究を禁止。寛政の三博士の [柴野栗山]・[尾 藤二洲]・[岡田寒泉]（のち古賀精里）をその儒官に任命。 1797年に聖堂学問所は幕府直営化，名前も [昌平坂学問 所] となる。
	○ 出版統制令…『[三国通覧図説]』・『[海国兵談]』の著者 [林子平] を弾圧。 洒落本作家 [山東京伝] や黄表紙作家 [恋川春町] らを弾圧。
	○ [尊号一件]…光格天皇の父閑院宮典仁親王への太上天皇の尊号宣下の要望 を拒否，対応した武家伝奏を処分。朝幕関係の協調が崩れる。

18世紀末〜19世紀初頭の列強の接近MAP

1811年
[ゴローウニン事件](ロシア)

1804年
[レザノフ来航](ロシア)
1808年
[フェートン号事件](イギリス)

1792年
[ラクスマン来航](ロシア)

1837年
[モリソン号事件](アメリカ)

5分で流れをチェック

⦿ 11代将軍 [01] は将軍の座を [02] に譲り，大御所政治をおこなった。関東の農村は無宿人らにより治安が悪化し，1805年に幕府は治安維持のための [03] を設置した。1827年には農村秩序の維持をはかり，領主の違いをこえて近隣の村々を集めた [04] を結成させた。……………………

⦿ 1832年頃から [05] が発生し，1836年には甲斐で [06]，三河で [07] という大規模一揆が発生した。大坂町奉行所の元与力 [08] は私塾 [09] を開設して [10] を教えていたが，貧民救済のため1837年に門弟らと [11] をおこした。越後柏崎でも国学者の [12] が大塩門弟を称して [13] をおこした。……………………

⦿ 1837年アメリカ商船が相模の [14] と薩摩の山川に来航し，異国船打払令で撃退される [15] がおこった。[16] は『慎機論』で，[17] は『戊戌夢物語』で幕府を批判し，1839年に幕府は彼らを処罰した。これを [18] という。……

⦿ 1841年に [01] が死去すると，将軍 [02] のもとで老中 [19] が**天保の改革**をおこなった。[19] は，倹約令を発布し，歌舞伎の三座を [20] の場末に移転させ，人情本作者の [21] や合巻作者の [22] を処罰するなどした。江戸への出稼ぎを禁じて流入者の帰村を強制する [23] を発布し，飢饉からの農村復興をはかった。物価騰貴は [24] の流通独占が原因だとして，[24] を解散させたが，実際は生産地から上方市場への流通量減少が原因であり，かえって流通を混乱させ逆効果となった。印旛沼の干拓も再度実施したが，[19] 失脚により中止された。……………………

⦿ 1840年に [25]・[26]・[27] の領地を入れ替える [28] を命じたが，領民の反対もあり中止された。アヘン戦争の結果を知った幕府は，長崎の西洋砲術家 [29] に演習を実施させ，1842年に漂着外国船に薪水や食料を与える [30] を発布した。1843年には財政安定化と対外防備をはかって江戸・大坂周辺の約50万石を直轄地にしようと [31] を発布した。しかし譜代大名や旗本に反対され，[19] は失脚した。……

重要語句

01 徳川家斉
02 徳川家慶
03 関東取締出役
04 寄場組合
05 天保の飢饉
06 郡内騒動
07 加茂一揆
08 大塩平八郎
09 洗心洞
10 陽明学
11 大塩の乱
12 生田万
13 生田万の乱
14 浦賀
15 モリソン号事件
16 渡辺崋山
17 高野長英
18 蛮社の獄
19 水野忠邦
20 浅草
21 為永春水
22 柳亭種彦
23 人返しの法
24 株仲間
25 川越藩
26 庄内藩
27 長岡藩
28 三方領知替え
29 高島秋帆
30 薪水給与令
31 上知令

大御所時代のまとめ

中心人物	○ 11代将軍［徳川家斉］が12代将軍［徳川家慶］の就任後も大御所として実権掌握。
おもな政策	○［関東取締出役］…無宿人らによる関東の農村の治安悪化の対策で1805年に設置。関東8カ国を巡回し、犯罪者の取締りをさせる。
	○［寄場組合］…領主の区別なく近隣の村々に組合をつくらせ、治安維持にあたる。

飢饉の影響

1832年頃〜	［天保の飢饉］	○ 1832年頃から発生した飢饉。郡内騒動や加茂一揆など一揆や打ちこわしが続発。
↓		
1837年	［大塩の乱］	○ 1837年に大坂町奉行所元与力で［陽明学者］の［大塩平八郎］が、自身の私塾［洗心洞］の門弟らと武装蜂起。半日で鎮圧されたが、各地に波紋が広がる。
↓		
	［生田万の乱］	○ 自称大塩門弟で国学者の［生田万］が蜂起。越後柏崎の陣屋を襲撃。

天保の改革のまとめ

中心人物	○ 12代将軍［徳川家慶］のもとでの老中［水野忠邦］の改革。
おもな政策・制度	○ 芝居統制…歌舞伎の三座を［浅草］に移転。
	○ 出版統制…人情本作者［為永春水］や合巻作者［柳亭種彦］を処罰。
	○［人返しの法］…江戸への出稼ぎを禁じて流入者の帰村を強制。
	○［株仲間］の解散…物価騰貴は［株仲間］が原因と判断。実際は別の原因であったため失敗。
	○［三方領知替え］…［川越藩］・［庄内藩］・［長岡藩］の領地入れ替え。撤回される。
	○［薪水給与令］…アヘン戦争で異国船打払令を緩和。
	○［上知令］…江戸・大坂周辺の約50万石を直轄地化。反対で実施できず。

菱垣廻船積問屋共より是迄年々［冥加］上納金致し来り候処、問屋共不正の趣も相聞え候に付、以来上納に及ばず候。尤、向後右仲間株札ハ勿論、此外共都て問屋仲間幷組合抔と唱候儀ハ、相成らず候間、其段申し渡さるべく候。

(『天保法制』)

史料の「菱垣廻船積問屋」は、十組問屋のこと。［株仲間の解散］についての史料。

5分で流れをチェック

🔴 天保の飢饉前後から年貢収入を基礎とする幕藩体制は不安定になり，**報徳仕法**の［ 01 ］や，**性学**の［ 02 ］らの農政家が農村復興をはかった。自由な流通を求める百姓や在郷商人は，流通独占する株仲間などに広範囲の訴訟である［ 03 ］をしたりした。地主や問屋が工場をつくり，奉公人（労働者）を集めて分業による手工業の協業をおこなう［ 04 ］もおこなわれた。……………………………………

🔴 寛政の改革の頃，諸藩でも藩政改革がおこなわれた。秋田藩の［ 05 ］，熊本藩の［ 06 ］，米沢藩の［ 07 ］らが名君と呼ばれ，新田開発や国産品の奨励をしたり，藩校を設立したりした。藩校には，秋田藩の［ 08 ］，米沢藩の［ 09 ］，会津藩の［ 10 ］，水戸藩の［ 11 ］，長州（萩）藩の［ 12 ］，熊本藩の［ 13 ］，薩摩（鹿児島）藩の［ 14 ］などがある。……

🔴 天保期の頃にも藩政改革がなされ，改革に成功して強い発言力をもつ存在になった藩を［ 15 ］という。薩摩藩では［ 16 ］が登用され，巨額負債を整理したり，［ 17 ］（奄美大島・徳之島・喜界島）の黒砂糖の専売を強化したり，［ 18 ］を通して**俵物**を清国に売る密貿易などで財政再建をした。また［ 19 ］は溶鉱炉の一種である［ 20 ］や，藩営工場の集成館を建造した。**長州藩**では［ 21 ］が登用され，紙や蠟の専売制の再編成，そして下関に金融兼倉庫業の［ 22 ］を設置して収益を拡大し，財政を再建した。………………

🔴 **肥前（佐賀）藩**では藩主の［ 23 ］が改革を実施し，町人地主の土地の一部を藩に返上させる［ 24 ］で本百姓体制の再建をはかった。陶磁器（有田焼）の専売制をおこない，［ 20 ］と大砲製造所も設置した。**土佐（高知）藩**では改革派のおこぜ組が財政緊縮をおこなうなどした。この薩摩・長州・土佐・肥前のことを総称して［ 25 ］ともいう。………………

🔴 宇和島藩では［ 26 ］が，越前（福井）藩では［ 27 ］が改革をし，水戸藩では［ 28 ］の主導でその側用人の［ 29 ］らが改革を試みた。幕府も，**高島秋帆**から高島流砲術を伝授された［ 30 ］に伊豆の［ 31 ］で［ 20 ］を築かせた。…………

時期	藩	人物	内容
17世紀後半頃	岡山藩	[池田光政]	○ 郷校 [閑谷学校] の設立。陽明学者 [熊沢蕃山] をまねく。
	会津藩	[保科正之]	○ 朱子学者 [山崎闇斎] をまねく。
	水戸藩	[徳川光圀]	○ 彰考館を設立し『[大日本史]』の編纂開始。
	加賀藩	[前田綱紀]	○ 朱子学者 [木下順庵] をまねく。
18世紀後半頃	[秋田藩]	[佐竹義和]	○ のちの明徳館を設立。
	[熊本藩]	[細川重賢]	○ 時習館を設立。
	[米沢藩]	[上杉治憲]	○ 興譲館を設立。
19世紀前半頃	[薩摩藩]	[調所広郷]	○ 巨額負債を250年賦にして整理。 ○ 奄美三島の黒砂糖の専売強化。 ○ [琉球王国] との貿易で [俵物] を密貿易。
		[島津斉彬]	○ 反射炉や集成館の建設。
	[長州藩]	[村田清風]	○ 負債の整理　○ 紙や蠟の専売制の再編成 ○ 下関に [越荷方] を設置して収益を拡大。
	[土佐藩]	おこぜ組	○ 支出の緊縮による財政再建。
	[肥前藩]	[鍋島直正]	○ 本百姓体制再建のため地主の土地の一部を藩に返上させる [均田制] の実施。
	宇和島藩	[伊達宗城]	○ 紙や蠟の専売制。
	越前藩	[松平慶永]	○ 橋本左内らを登用し藩政改革。
	水戸藩	[徳川斉昭]	○ 藤田東湖らを登用し藩政改革。派閥抗争で成功せず。

専売制の強化や藩校を設立。

改革に成功して幕政を左右する影響力をもつ薩長土肥などの雄藩も出現。

🔍 おもな藩校MAP

[明徳館]（秋田藩・1789年）

[時習館]（熊本藩・1755年）

[興譲館]（米沢藩・1776年）

[明倫館]（長州藩・1719年）

[日新館]（会津藩・1799年）

[弘道館]（水戸藩・1841年）

[造士館]（薩摩藩・1773年）

⏱ | 5分で流れをチェック　　　**☑ | 重要語句**

◎ 文化・文政期頃の町人中心の文化を、化政文化という。学問では経世家で『稽古談』の [01]、『西域物語』や『経世秘策』の [02]、『農政本論』の [03] らが経世論を説いた。後期水戸学では水戸藩主 [04] を中心に、藤田東湖らの学者が尊王攘夷論を説いた。国学では本居宣長のあと、[05] が復古神道をとなえた。また全国日本地図の [06] が全国の沿岸を測量した [07] らにより完成された。洋学では幕府天文方の [08] らが寛政暦を完成し、その子の [09] の建議で洋書翻訳の [10] が設置された。[09] は1828年の [11] で処罰され、[10] はのちに蕃書調所となった。『暦象新書』の [12] は万有引力説や地動説を紹介した。…

◎ 私塾が各地で設けられ、広瀬淡窓が豊後日田に [13] を、緒方洪庵が大坂に [14] を、吉田松陰の叔父が長門萩に [15] を、ドイツ人シーボルトが長崎郊外に [16] を開いた。

◎ 文学では滑稽本で『浮世風呂』の [17]、『東海道中膝栗毛』の [18]、恋愛ものの人情本で『春色梅児誉美』の [19]、長編小説で合巻『修紫田舎源氏』の [20] がいた。[19] や [20] は天保の改革で処罰された。読本では『雨月物語』の [21]、『南総里見八犬伝』の [22] がいた。俳諧では『おらが春』の [23] がいた。鈴木牧之は雪国の自然や生活を随筆『[24]』で描いた。……

◎ 美術では浮世絵で『富嶽三十六景』の [25]、『東海道五十三次』の [26] らの風景画が普及した。浮世絵はのちにモネやゴッホら西欧の印象派に影響を与えた。従来の絵画では四条派の祖 [27] が活躍した。文人画では田能村竹田や『鷹見泉石像』の [28] らが活躍した。……

◎ 常設の歌舞伎劇場の [29] が設置され、落語や講談などの寄席も開かれ、狂言作者の河竹黙阿弥や『東海道四谷怪談』の [30] らが活躍した。民衆の間では伊勢神宮への寺社参詣である [31] などもさかんだった。……

🏷️ | 化政文化のまとめ

学問・研究など	経世論	○ [海保青陵]…『[稽古談]』を著す。
		○ [本多利明]…『[西域物語]』・『[経世秘策]』を著す。
		○ [佐藤信淵]…『[農政本論]』・『経済要録』を著す。
	国学	○ [平田篤胤]…[復古神道]を大成。
	地図	○ [伊能忠敬]…沿岸を測量し[大日本沿海輿地全図]の作成をおこなう。
	天文・物理学	○ [志筑忠雄]…『[暦象新書]』の訳述で万有引力説や地動説を紹介。
水戸学	前期水戸学	○ [徳川光圀]の時代…大義名分論により尊王斥覇論を展開。
	後期水戸学	○ [徳川斉昭]の時代…尊王斥覇により尊王攘夷論を展開。
私塾		○ [咸宜園]…豊後日田で儒者 [広瀬淡窓] が設立。
		○ [適々斎塾]…大坂で [緒方洪庵] が設立。蘭学塾。福沢諭吉や大村益次郎ら輩出。
		○ [松下村塾]…長門萩で [吉田松陰] の叔父が設立。高杉晋作ら輩出。
		○ [鳴滝塾]…長崎郊外でオランダ商館医でドイツ人 [シーボルト] が設立。医学塾。
天文方		○ [高橋至時]…西洋暦法を採用した寛政暦を完成。
		○ [高橋景保]…[蛮書和解御用]（のちの蕃書調所）設立建議。シーボルトが持ち出し禁止の日本地図を[高橋景保]より入手したことが発覚したシーボルト事件で処罰。
文学		○ [式亭三馬]…滑稽本『[浮世風呂]』を著す。
		○ [十返舎一九]…滑稽本『[東海道中膝栗毛]』を著す。
		○ [為永春水]…人情本『[春色梅児誉美]』を著す。天保の改革で処罰。
		○ [柳亭種彦]…合巻『偐紫田舎源氏』を著す。天保の改革で処罰。
		○ [上田秋成]…読本『[雨月物語]』を著す。
		○ [曲亭馬琴]…読本『[南総里見八犬伝]』を著す。
		○ [小林一茶]…生きる民衆の生活をよんだ随筆・発句集『おらが春』を残す。
美術		○ [葛飾北斎]…浮世絵『[富嶽三十六景]』を描く。
		○ [歌川広重]…浮世絵『[東海道五十三次]』を描く。
		○ [呉春]…四条派の祖。
		○ [渡辺崋山]…『鷹見泉石像』を描く。『[慎機論]』を著し蛮社の獄で処罰。

54　開国とその影響

🕐 | 5分で流れをチェック

◉ 清はイギリスに敗北した［ 01 ］で香港を割譲した。1846年に［ 02 ］が，1853年に［ 03 ］が開国を求めて浦賀に来航，［ 03 ］は大統領［ 04 ］の国書を提出して帰国した。老中首座［ 05 ］は朝廷や諸大名に意見を聞き，徳川斉昭の幕政参画，江戸湾へ［ 06 ］築造，［ 07 ］の解禁など安政の改革を実施，1854年のペリーの再来航で［ 08 ］を結んだ。………

◉ この条約で［ 09 ］の開港と，アメリカに一方的［ 10 ］を与えた。さらに幕府は英・露・蘭とも和親条約を締結した。1854年にロシアの［ 11 ］と締結した［ 12 ］では［ 09 ］と長崎も開港し，両国境は［ 13 ］以北がロシア領で［ 14 ］以南が日本領，［ 15 ］は境界のない両国雑居地とされた。………

◉ 初代アメリカ総領事［ 16 ］が来日し，老中首座［ 17 ］に通商条約締結を求めた。［ 18 ］の通商条約調印の勅許は得られなかったが，1858年に英・仏が清を破った［ 19 ］の影響もあり，大老［ 20 ］は［ 21 ］に同年調印した。これは［ 22 ］の開港，外国人［ 23 ］の設置や自由貿易，［ 24 ］を認める治外法権，［ 25 ］のない協定関税などを定めた不平等条約だった。蘭・露・英・仏とも類似条約を結んだ（安政の五カ国条約）。のちに条約批准で使節と艦長勝海舟の［ 26 ］が渡米した。………

◉ 1859年に横浜（神奈川）・長崎・箱館で貿易が開始された。アメリカは国内で南北戦争がおきたため，国別の輸出入額はイギリスが一番多く，港別の輸出入額は横浜が一番多かった。日本は［ 27 ］・茶などの農水産物などを輸出し，毛織物・綿織物や軍需品が輸入された。幕府は物価の抑制などのため1860年に雑穀・水油・蠟・呉服・［ 27 ］の5品を必ず江戸の問屋経由で輸出させる［ 28 ］を出したが失敗となった。…

◉ 金銀比価が外国では1:15，日本では1:5と差があったため，金貨が海外に大量流出した。その対策で［ 29 ］改鋳をおこない，品質を下げた。物価が上昇し，生活が圧迫されたことは攘夷運動の一因となった。1862年には島津久光の行列を横切ったイギリス人が殺害される［ 30 ］などの攘夷事件がおこった。………

☑ | 重要語句

01 アヘン戦争
02 ビッドル
03 ペリー
04 フィルモア
05 阿部正弘
06 台場
07 大船建造
08 日米和親条約
　（神奈川条約）
09 下田・箱館
10 最恵国待遇
11 プチャーチン
12 日露和親条約
13 得撫島
14 択捉島
15 樺太
16 ハリス
17 堀田正睦
18 孝明天皇
19 アロー戦争
20 井伊直弼
21 日米修好通商条約
22 神奈川・長崎・新潟・兵庫
23 居留地
24 領事裁判権
25 関税自主権
26 咸臨丸
27 生糸
28 五品江戸廻送令
29 万延貨幣
30 生麦事件

🖊 開国時の条約まとめ

アメリカ		ロシア
[日米和親] 条約（1854年）	[日米修好通商] 条約（1858年）	[日露和親] 条約（1854年）
○日本：老中 [阿部正弘] ○アメリカ：全権 [ペリー]	○日本：大老 [井伊直弼] ○アメリカ：全権 [ハリス]	○ロシア：全権 [プチャーチン]
○開港地：[下田・箱館] （※日米修好通商条約締結による横浜開港後に下田閉鎖。）	○開港地：[神奈川・長崎・新潟・兵庫]（※実際は，神奈川は横浜，兵庫は神戸で開港。）	○開港地：[下田・箱館・長崎]
○アメリカ船への燃料や食料などの供給や難破船や乗員の救助など。 ○片務的な [最恵国待遇]（他国に許可した最も良い待遇を締約国（アメリカ）にも与えること）。 ○領事駐在（初代アメリカ総領事ハリス）	○江戸・大坂の開市 ○開港場に [居留地] を設置して，そこで自由貿易（一般外国人の国内旅行は禁止）。 ○日本滞在のアメリカ人への裁判は領事がおこなう [領事裁判権] の許可（治外法権） ○関税率は [関税自主権]（日本の自主的な税率決定権）がなく協議による協定関税制。	○[得撫島] 以北がロシア領，[択捉島] 以南が日本領と定める。 ○[樺太] は両国雑居地。

※イギリス・オランダとも和親条約を，オランダ・ロシア・イギリス・フランスとも通商条約を結んだ。

🖊 開港地MAP

○…日米和親条約で開港
●…日米修好通商条約で開港

長崎　兵庫　新潟　箱館

[横浜]（条約では神奈川, 1859年〜）

[下田]

POINT
- ○輸出入額が最も多いのが [横浜]。
- ○最も取引が多い国は [イギリス]。
- ○輸出…[生糸] が多い。
- ○輸入…[毛織物]，[綿織物] が多い。

◎ 13代将軍 [01] の将軍継嗣問題で, [02] を推す一橋派と徳川慶福を推す南紀派が対立した。[03] が大老となり, 徳川慶福は [04] に改名, 14代将軍となった。[03] は**吉田松陰**などを [05] で処罰, 1860年 [06] で暗殺された。……

◎ 老中 [07] は**公武合体**政策を採用し [04] の妻に孝明天皇の妹**和宮**を迎えたが, 1862年に水戸脱藩士らに襲われた [08] により老中を退いた。1862年に薩摩藩の [09] は幕政改革を要求, 幕府は**松平慶永**を [10] に, [02] を [11] に, **松平容保**を [12] に任命する**文久の改革**をおこなった。……

◎ 長州藩は1863年に下関で外国船を砲撃した。<u>薩摩・会津は [13] で長州藩や**三条実美**らを京都から追放, 長州藩は [14] を機に京都に進撃したが, 会津・薩摩などに撃退される [15] がおこった。</u>対して幕府は [16] をおこし, 英・仏・米・蘭も下関を砲撃（[17]）したため, 長州藩は幕府に屈服した。薩摩藩でも1863年の [18] で攘夷が不可能と判断した。<u>英公使 [19] はこれを機に薩摩藩に接近し</u>, 一方, 仏公使 [20] は幕府支持を続けた。……………

◎ 長州藩の [21] は**奇兵隊**を率いて藩論を倒幕に変えた。土佐の [22]・中岡慎太郎らの仲介で, 1866年に薩長両藩は [23] を密約, 幕府は [24] をおこしたが将軍の急死で中止した。**世直し一揆**や集団乱舞の [25] も発生した。……

◎ 1867年に15代将軍に [02] が就任したが, 薩長両藩は10月に [26] を得た。対して土佐藩士**後藤象二郎**と [22] は前土佐藩主 [27] を通じて [02] に政権返還を勧め, [02] は朝廷へ [28] を上表した。それに対し薩長両藩と岩倉具視らは [29] を発し, 天皇のもとに [30] の三職をおき, 新政府を樹立した。その夜の [31] では [02] へ**内大臣**辞退と領地返上を命じる [32] が決定した。<u>1868年に [33] で新政府軍が旧幕府側に勝利し, **勝海舟**と [34] の交渉で江戸城は無血開城となった。</u>東北諸藩は [35] で対抗したが敗れた。この一連の戦いを [36] と呼ぶ。…………

	幕府・佐幕派の動向	攘夷派の動向
1863年5月		○ 長州藩が下関で外国船を砲撃
1863年7月	○ [薩英戦争] ➡ 薩摩がイギリスと交戦 イギリス人を殺傷した [生麦事件] の報復。	
1863年8月	○ [八月十八日の政変] ➡ [長州] 藩 などを京都から追放。	
1864年6月	○ [池田屋事件] ➡ 新選組が尊攘派の 志士を殺害。	
1864年7月	○ [第1次長州征討] ➡ 長州藩は幕府 に恭順。	○ [禁門の変] 長州藩が京都に攻めよせたが敗退。
1864年8月		○ [四国艦隊下関砲撃事件] 報復として英，仏，米，蘭が 下関砲台を攻撃。

	幕府の動向	薩摩・長州藩の動向
1866年1月		○ [薩長連合] が成立 土佐の [坂本龍馬] と中岡慎太郎らの 仲介。薩長両藩の軍事同盟。
1866年6月	○ [第2次長州征討] ➡ 徳川家茂の死 去を理由に，8月に中止。	
1867年10月	○ [大政奉還] 土佐の後藤象二郎と坂本龍馬が前藩主 山内豊信を通して [徳川慶喜] に政権返 還を建白。政権返上後の徳川主導の連 合政権を構想して政権返上。	○ 薩摩・長州藩に [討幕の密勅]
1867年12月		○ [王政復古の大号令]，小御所会議 天皇のもとに [総裁・議定・参与] の 三職設置。徳川慶喜のいない雄藩連 合の新政府を樹立。
1868年1月	○ 鳥羽・伏見の戦い ➡ [戊辰戦争] の開始 旧幕府側が新政府軍に敗北。徳川慶喜は江戸城に退き無血開城。 東北諸藩は [奥羽越列藩同盟] で対抗するが敗北。箱館五稜郭に抵抗した榎本武揚も降伏。	

MY MEMO

KEYWORD

自分がまちがえやすい用語をメモしておこう！

CHAPTER 07

明治時代

◎ 新政府は1868年に［ 01 ］で国策の基本を明示した。民衆向けにはキリスト教禁止など旧幕府政策を引き継ぐ［ 02 ］も出された。権力を**太政官**（だじょうかん）に集めた組織規程の［ 03 ］も制定した。年号も明治と改元して［ 04 ］を定めた。⋯⋯⋯⋯

◎ 大名対策で1869年に**薩摩・長州・土佐・肥前**の藩主に天皇へ領地領民を返還する［ 05 ］を上表させ，他大名も同様となった。旧大名には［ 06 ］を与えて旧領地の地方長官である［ 07 ］に任命した。組織も改められ［ 08 ］が太政官の上位におかれた。1871年には**薩摩・長州・土佐**からつのった直轄軍である［ 09 ］により軍事力を固め，藩を廃止する［ 10 ］を実施した。旧大名の［ 07 ］を罷免して東京居住を命じ，政府が派遣した［ 11 ］に地方行政をおこなわせた。官制も再度変更されて太政官は［ 12 ］（**正院・左院・右院**）となり，正院は3大臣と［ 13 ］らで構成された。［ 08 ］は廃止され，神祇省となった。政府内部は薩長土肥出身者らによる［ 14 ］であった。のちに**岩倉使節団**を派遣，**西郷隆盛**（さいごうたかもり）中心の留守政府は内政改革を実施した。⋯⋯⋯⋯

◎ 廃藩後に［ 09 ］を近衛兵（このえへい）とし，各地に［ 15 ］を配置した。1872年に「**血税**」と記載された［ 16 ］が出され，1873年に満20歳の男性を対象に［ 17 ］が公布された。⋯⋯⋯⋯

◎ 身分制度では藩主・公家を［ 18 ］，藩士・旧幕臣を［ 19 ］，百姓・町人・えた・非人（ひにん）らを［ 20 ］とした。新たな族籍による戸籍（こせき）の［ 21 ］もつくられた。1873年に希望者に**秩禄**（[06]と賞典禄）（しょうてんろく）支給をとめて一時金を与える［ 22 ］を定め，1876年には受給者に［ 23 ］を発行して秩禄を全廃する［ 24 ］を実施した。1876年には帯刀（たいとう）を禁止する［ 25 ］も出され，［ 19 ］はおもな特権を失った。⋯⋯⋯⋯

◎ 土地所有権確認証の［ 26 ］が発行された。1873年に［ 27 ］が公布され，課税基準を収穫高から**地価**に変更し，物納から［ 26 ］所有者による［ 28 ］（地租率：地価の3％）に変更された。負担軽減を求めた農民の［ 29 ］がおこり，1877年に地租率は地価2.5％となった。⋯⋯⋯⋯

01 **五箇条の誓文**（ごかじょうのせいもん）
02 **五榜の掲示**（ごぼうのけいじ）
03 **政体書**（せいたいしょ）
04 **一世一元の制**（いっせいいちげん）
05 **版籍奉還**（はんせきほうかん）
06 **家禄**（かろく）
07 **知藩事**（ちはんじ）
08 **神祇官**（じんぎかん）
09 **御親兵**（ごしんぺい）
10 **廃藩置県**（はいはんちけん）
11 **府知事・県令**（ふちじ・けんれい）
12 **三院制**（さんいんせい）
13 **参議**（さんぎ）
14 **藩閥政府**（はんばつせいふ）
15 **鎮台**（ちんだい）
16 **徴兵告諭**（ちょうへいこくゆ）
17 **徴兵令**（ちょうへいれい）
18 **華族**（かぞく）
19 **士族**（しぞく）
20 **平民**（へいみん）
21 **壬申戸籍**（じんしんこせき）
22 **秩禄奉還の法**（ちつろくほうかん）
23 **金禄公債証書**（きんろくこうさいしょうしょ）
24 **秩禄処分**（ちつろくしょぶん）
25 **廃刀令**（はいとうれい）
26 **地券**（ちけん）
27 **地租改正条例**（ちそかいせいじょうれい）
28 **金納**（きんのう）
29 **地租改正反対一揆**（ちそかいせいはんたいいっき）

明治維新のおもな政策

[版籍奉還] （1869 年）	○ ［薩摩・長州・土佐・肥前］の藩主に天皇へ領地領民の返還を上表させる。他藩主もそれにならい，残った藩主にも返還を命じる。 ○ 旧大名は旧領地の［知藩事］に任命，そのまま藩を統治。 ○ 旧大名の収入は石高にかえ，石高10分の1の［家禄］。 ○ 江戸時代同様に軍事権と徴税権は藩に帰属し，実質的に藩が存続。新政府は旧幕府領を直轄，年貢徴収をきびしくして一揆が続発。
[廃藩置県] （1871 年）	○ ［薩摩・長州・土佐］からの［御親兵］を背景に藩廃止，府県設置。 ○ 旧大名知藩事は罷免。中央政府が府知事・県令を派遣。旧大名に東京での居住を義務づけ。新政府が政治的に国内統一。

中央官制		三職	○ 1867年。［王政復古の大号令］で設置。三職は［総裁・議定・参与］。
	太政官制	七官制	○ 1868年。［政体書］で規定。アメリカを参考。三権分立制。
		二官六省制	○ 1869年（［版籍奉還］後）。［神祇官］と太政官の二官を併置。
		［三院制］	○ 1871年（［廃藩置県］後）。最高機関の［正院］，立法審議機関の［左院］，各省の連絡機関の右院。神祇官は［神祇省］に格下げ。

三院制（廃藩置県後）

地租改正のまとめ

	地租改正前（江戸時代）	地租改正後
納税者	年貢負担者の本百姓	［地券］所有者（土地所有者）
納税物	米など物納	［金納］
納税基準	収穫高	［地価］
納税の税率	四公六民や五公五民が一般的	地価の［3］%（1877年から［2.5］%）

 POINT　地租改正で豊凶に左右されず財源安定化。農民は負担が大きく地租改正一揆発生。

5分で流れをチェック

○ 政府は富国強兵のため，殖産興業に力を入れ，お雇い外国人もまねき，佐渡の鉱山や高島炭鉱，長崎造船所も経営した。1870年には[01]が設置され，1872年に鉄道が[02]間に敷設された。通信では1869年に東京・横浜間に電報の[03]が架設され，1871年に飛脚にかわる[04]（[05]の建議）も創業された。海運では有事に備え，[06]の**三菱**に保護を与えた。政府は輸出の中心となる**生糸**の生産拡大をはかり，1872年に官営模範工場の[07]を設置した。1877年に内務省の主催で[08]も開催された。**三井**や岩崎（三菱）は政府から特権を与えられ[09]と呼ばれた。…………

◎ 政府は1869年に蝦夷地を北海道と改称して[10]を設置し，1874年には開拓と警備のための[11]を設け，アメリカ人の[12]をまねき1876年には[13]も開校した。開発でアイヌは伝統文化を失い，政府は1899年に[14]を制定した。………

◎ 貨幣では1871年に金本位制確立をめざし[15]を公布，十進法で単位が[16]の新硬貨がつくられた。1872年に[17]が中心となり兌換義務のある[18]が制定され，翌年以降に第一国立銀行など4行が設立された。1876年に兌換義務がなくなり，多くの国立銀行が設立された。………………

◎ 明治初期に文明開化の風潮が生じ，天賦人権思想などがとなえられた。[19]の『学問のすゝめ』，**中村正直**翻訳のスマイルズ『[20]』やミル『[21]』などが読まれ，森有礼らにより[22]が組織され，機関誌『**明六雑誌**』が発行された。旧暦が廃され[23]が採用された。教育では1872年にフランスの制度にならった[24]が公布されて小学校教育の普及がめざされた。1877年には[25]が設立された。…………

◎ 1868年に神仏習合を禁止して神道を国教とする[26]が出され，仏教を排斥する[27]がおこり，1870年には神道国教化を推進する[28]が出された。キリスト教では，政府が浦上の信徒を各藩に配流した[29]で列国から強く抗議され，キリスト教禁止の高札は撤去された。………………

重要語句

🛡 殖産興業と文明開化まとめ

<table>
<tr><td rowspan="10">インフラ・技術など</td><td>鉄道</td><td>○ 1872年に [新橋・横浜] 間で開通。のち神戸・大阪・京都間も開通。</td></tr>
<tr><td>郵便制度</td><td>○ 1871年に飛脚にかわり官営で創業。[前島密] の建議。のち全国均一料金。</td></tr>
<tr><td>炭鉱</td><td>○ [高島炭鉱]・[三池炭鉱] などを経営。</td></tr>
<tr><td>鉱山</td><td>○ 佐渡・生野などの鉱山を旧幕府より接収。</td></tr>
<tr><td>造船</td><td>○ 旧幕府の長崎製鉄所を [長崎造船所] として経営。</td></tr>
<tr><td>電信線</td><td>○ 1869年に東京・横浜間に架設。のち長崎・上海間を通じ欧米と接続。</td></tr>
<tr><td>海運</td><td>○ 土佐藩出身 [岩崎弥太郎] の三菱が政府に保護され発展。</td></tr>
<tr><td>官営模範工場</td><td>○ 最大の輸出品の生糸の生産拡大のため群馬県に [富岡製糸場] を建設。フランスの先進技術を導入。</td></tr>
<tr><td>博覧会</td><td>○ [内務省]（のち農商務省）主催で [内国勧業博覧会] を開催。</td></tr>
</table>

<table>
<tr><td rowspan="4">北方経営</td><td>○ [開拓使]…蝦夷地が北海道と改称され，その開発・経営機関として設置。</td></tr>
<tr><td>○ [屯田兵]…北海道開拓と対ロシア警備の目的による農兵。士族授産も意図。</td></tr>
<tr><td>○ [札幌農学校]…アメリカ式大農場制度の移植をはかる。[クラーク] をまねく。</td></tr>
<tr><td>○ アイヌ…開発により伝統文化などが失われる。アイヌ保護を名目に1899年に [北海道旧土人保護法] が制定されるが，従来の同化政策上の法令だった。</td></tr>
</table>

<table>
<tr><td rowspan="4">貨幣・金融</td><td>○ 太政官札・民部省札…政府が当初発行した不換紙幣。不換紙幣は正貨（金貨や銀貨）との交換が保障されてない紙幣で，兌換紙幣は正貨との交換が保障された紙幣。</td></tr>
<tr><td>○ [新貨条例]…十進法が採用され，単位が [円・銭・厘] の新硬貨を発行。金本位制確立をめざす。金本位性とは金貨を本位貨幣として，その保有量で発行できる通貨量が決まる制度，紙幣は正貨と交換できる兌換紙幣となる。</td></tr>
<tr><td>○ [国立銀行条例]…[渋沢栄一] が中心となり制定。国立銀行の銀行券には兌換が義務づけられたので4行のみ設立。のちに兌換義務がなくなり多くの国立銀行が設立。</td></tr>
</table>

<table>
<tr><td rowspan="3">学問・思想</td><td>○ [福沢諭吉]…『学問のすゝめ』，『西洋事情』，『文明論之概略』を著す。</td></tr>
<tr><td>○ [中村正直]…スマイルズ『[西国立志編]』やミル『[自由之理]』を翻訳。</td></tr>
<tr><td>○ [明六社]…森有礼，福沢諭吉，西周，加藤弘之らの啓蒙団体。機関誌『明六雑誌』。</td></tr>
</table>

<table>
<tr><td rowspan="3">宗教</td><td>○ [神仏分離令]…神仏習合を禁止して [神道] を国教とする。寺院や仏像を破壊する [廃仏毀釈] が発生。</td></tr>
<tr><td>○ [大教宣布の詔]…神道国教化の推進を表明した詔書。</td></tr>
<tr><td>○ [浦上教徒弾圧事件]…政府が浦上のキリスト信徒を各藩に配流。列国に抗議され，1873年にキリスト教禁止の高札が撤去され，布教も黙認となる。</td></tr>
</table>

🕐 5分で流れをチェック

◎ 不平等条約の改正をめざし，1871年に**岩倉使節団**（大使：[01]）が派遣されたが，目的を達せず欧米視察をして帰国した。使節団には[02]・木戸孝允・伊藤博文らの副使や，のちの津田塾大学設立者[03]らの留学生もいた。………

◎ 清とは1871年に最初の対等条約となる[04]を結んだ。薩摩藩に事実上支配されていた**琉球王国**は，名目上は清を宗主国とするという両属関係にあった。政府は琉球王国を日本領にするため，1872年に[05]を設置して琉球国王[06]を藩王にして天皇の家臣とした。1871年の台湾で漂流民が殺傷された[07]で清は責任を負わないとし，政府は1874年に[08]を実施，清と対立したが，イギリスの調停で清が事実上の賠償金を支払ったので撤兵した。以降，琉球には朝貢もさせず1879年に政府は[05]を廃止し，[09]を設置した。この一連の施策を[10]という。…………………

◎ ロシアとは1875年に[11]をロシア領，千島全島を日本領とする[12]を結んだ。太平洋上の[13]については1876年に領有を宣言した。朝鮮とは1875年の[14]を機に，1876年に不平等条約の[15]を結んで開国させ，[16]・仁川・元山の開港や日本の領事裁判権などが承認された。……

◎ 1873年に**征韓論争**がおこり，敗北した[17]・[18]・**後藤象二郎・江藤新平**らが参議を辞職する[19]がおこり，[02]が政府の中心となった。1874年に[18]・後藤象二郎らは[20]を設立し，国会の設立を求める[21]を[22]に提出し，[23]が始まるきっかけとなった。…………………

◎ 1873年に徴兵制度などの負担に対し[24]がおこった。士族も暴動をおこし，1874に江藤新平を首領とした[25]がおこり，1876年には熊本で[26]，福岡県で[27]，山口県で**前原一誠**による[28]がおこったが鎮圧された。1877年には[17]が鹿児島に設立した**私学校**の生徒の士族が[17]を首領として最大の士族反乱となる[29]をおこしたが，政府が勝利して不平士族の反乱はおさまった。……

☑️ 重要語句

01 岩倉具視
02 大久保利通
03 津田梅子
04 日清修好条規
05 琉球藩
06 尚泰
07 琉球漂流民殺害事件
08 台湾出兵
09 沖縄県
10 琉球処分
11 樺太
12 樺太・千島交換条約
13 小笠原諸島
14 江華島事件
15 日朝修好条規（江華条約）
16 釜山
17 西郷隆盛
18 板垣退助
19 明治六年の政変
20 愛国公党
21 民撰議院設立の建白書
22 左院
23 自由民権運動
24 血税一揆
25 佐賀の乱
26 敬神党（神風連）の乱
27 秋月の乱
28 萩の乱
29 西南戦争

明治初期の外交のまとめ

国	外交の内容		目的
欧米	岩倉使節団 (1871〜73年)	○ 大使…[岩倉具視]。予備交渉で派遣。欧米視察し帰国。 津田梅子ら随行。随行した[久米邦武]が使節 団の見聞記録『米欧回覧実記』を編集。	幕末に結んだ不平等条約の改正をめざす。
琉球王国	琉球処分	○ [琉球藩]設置(1872年)…琉球国王[尚泰]を藩王とする。清が抗議。	実質的に薩摩藩の支配下だが,日清両属の状態にあった琉球王国の日本領化をめざす。
		○ [琉球漂流民殺害事件]…これにより1874年に[台湾出兵]を実施。	
		○ [沖縄県]設置(1879年)…琉球藩廃止。	
清	○ [日清修好条規](1871年)…日本が結んだ最初の対等条約。		清国との正式な国交樹立をめざす。
朝鮮	○ [日朝修好条規](1876年)…[江華島事件]が契機。釜山・仁川・元山の開港,日本の領事裁判権の承認。		不平等条約による朝鮮の開国をめざす。
ロシア	○ [樺太・千島交換条約](1875年)…樺太を[ロシア]領,千島全島を[日本]領とする。日露和親条約(1854年)では得撫島以北が[ロシア]領,択捉島以南が[日本]領,樺太は両国雑居地。		樺太問題の解決をめざす。

ロシアと日本の領土MAP

ロシア

千島列島

国後島

択捉島

得撫島

日本

……日露和親条約
(1854)による
国境

……樺太・千島交換
条約(1875)に
よる国境

[樺太]
▶日露和親条約に
より日露雑居地となる

士族反乱MAP

1874年
[佐賀の乱]

1876年
前原一誠による
[萩の乱]

1876年
[秋月の乱]

1876年
[敬神党(神風連)の乱]

1877年
[西南戦争]

5分で流れをチェック

① 1874年に [01] は**片岡健吉**らと土佐で [02] を結成, 1875年には全国組織として [03] を大阪で結成した。同年に**大久保利通**と [01], **木戸孝允**が会談する [04] があり, 両者は政府に復帰し, [05] が出され, 立法諮問機関の [06], 最高裁判所に相当する [07], 府知事・県令による [08] が設置された。また政府は [09] を制定して民権派の言論を弾圧した。1878年には**地方三新法**も制定された。1880年に [03] から [10] が結成された。政府は [11] を制定し, 政社の活動を規制した。…………………………

② 1881年に**黒田清隆**が政商 [12] に不当に安く官有物を払下げようとした [13] をきっかけとして, 伊藤博文らは [14] を政府から追放し, 国会開設を公約する [15] を出した。この [16] と前後して, **植木枝盛**の「[17]」などの私擬憲法がつくられ, 1881年には [01] が自由党を, 1882年に [14] が**立憲改進党**を結成した。…………………………

③ 大蔵卿 [18] は軍事費以外を徹底的に緊縮し, デフレ政策 (**松方デフレ**) を実施した。国立銀行の紙幣発行権をなくし, 1882年に中央銀行として [19] を設立し, 1885年に [20] を発行して [21] を確立した。財政危機は克服されたが, 松方デフレにより深刻な不況となり, 多くの農民が [22] に転落した。この一連の政策を [23] と呼ぶ。………………

④ 1882年に [24] (県令 [25] に農民が抵抗し, 福島自由党の [26] らが検挙された事件), 1884年には**加波山事件**や [27] (**困民党**の農民蜂起) などの騒擾事件がおこった。これで自由党は解党し, 立憲改進党も事実上の解党状態となった。1885年には旧自由党の [28] らが朝鮮の保守的政府を打倒しようとして検挙される [29] もおこった。…………

⑤ **星亨**らにより民権派の再結集をはかる [30] がはじまり, 外相 [31] の条約改正の交渉失敗もあり, 1887年に [32] (地租軽減, 言論・集会の自由, 外交失策の回復) がおこったが, 政府は [33] を公布して民権派を東京から追放した。…

重要語句

自由民権運動のまとめ

時期	民権派の動向	政府の動向
1874年1月	○ [民撰議院設立の建白書]の提出	
1874年4月	○ [立志社]が結成される 板垣退助らが[土佐]で結成。	
1875年1～2月		[大久保利通]と[板垣退助], [木戸孝允]の会談。 ○ [大阪会議]が開かれる
1875年2月	○ [愛国社]が結成される [大阪]で結成。	
1875年4月		[元老院],[大審院],[地方官会議]の設置。 ○ [漸次立憲政体樹立の詔]が出される
1875年6月		○ [讒謗律]・[新聞紙条例]が出される
1877年6月	○ [立志社建白]が出される	
1880年3月	○ [国会期成同盟]が結成される	
1880年4月		国会開設運動の高揚を弾圧。 ○ [集会条例]が出される。
1881年8～9月	○ [開拓使官有物払下げ事件]を批判	
1881年10月	○ [自由党]が結成される （1882～1886年にかけて騒擾が頻発）	○ [明治十四年の政変] [大隈重信]を政府から追放。1890年の国会開設の公約[国会開設の勅諭]を出す。
1885年12月		○ 内閣制度が発足する
1886年10月	○ [大同団結運動]がはじまる	
1887年9月	○ [三大事件建白運動]がはじまる 地租軽減，言論・集会の自由， 外交失策の回復の3要求。	
1887年12月		民権派を弾圧。 ○ [保安条例]が出される。

⏱ 5分で流れをチェック

🔴 政府は憲法制定の方針を決定し、渡欧した［01］はベルリン大学の［02］やウィーン大学の［03］らよりドイツ流の憲法理論を学んだ。1884年に［04］を公布して華族を［05］の5爵にわけ、1885年には太政官制から**内閣制度**に移行した。宮中事務を司る［06］と、天皇を常時輔弼する［07］は内閣の外におかれた。ドイツ人顧問［08］から助言を受けた［09］が中心となり地方制度改革が進み、1888年に［10］が、1890年に［11］が公布された。…………

🔴 ［01］・**井上毅・伊東巳代治・金子堅太郎**らがドイツ人顧問［12］の援助で憲法草案を起草し、天皇の諮問機関の［13］（初代議長：［01］）で審議され、［14］内閣期の1889年に［15］が公布された。この憲法は天皇が定める［16］で、天皇は神聖不可侵で統治権の総攬者とされ、陸海軍の統帥権などの［17］と呼ばれる議会も関与できない権限を保持した。憲法の公布と同時に［18］も制定された。…………

🔴 最高立法機関の［19］は皇族や華族などからなる［20］と、**衆議院**の二院制だった。国民は法律の範囲内で各種の権利と自由が認められた。［21］も公布され、選挙資格は満25歳以上の男性で直接国税15円以上の納入者であった。……

🔴 フランス人顧問［22］に起草され、1890年に民法が公布された。この民法に対し、法学者［23］が日本の伝統的倫理が破壊されると批判するなどして［24］が発生したため、施行が延期され、ドイツ民法を参考に**戸主権**を絶対化して修正された。…………

🔴 第一議会では衆議院議員総選挙の結果、立憲自由党と立憲改進党など［25］が衆議院の多数を占め、藩閥政府支持の［26］は少数派だった。民党は［27］を主張し、超然主義の立場の第1次［09］内閣は主権線（国境）・利益線（朝鮮）防衛のための軍拡を主張した。次の第1次［28］内閣は第二議会で衆議院を解散し、第2回総選挙で内務大臣［29］による［30］もなされたが［25］有利のままであった。………

初期議会の流れまとめ

年	内閣	おもなできごと
1885	伊藤博文①	○ 太政官制から内閣制度に移行。
1888		○ [枢密院] 設置（伊藤博文は初代議長になるため首相交代）。
1889	黒田清隆	○ [大日本帝国憲法] 公布。衆議院議員選挙法公布。皇室典範制定。 ○ [超然主義]（政党に左右されない政治姿勢）を表明。
1890	山県有朋①	○ 第1回衆議院議員総選挙で民党過半数。 **有権者は満 [25] 歳以上の [男性] で直接国税 [15] 円以上の納付者，全人口の約1%強。** ○ 第一議会開催。民党は [政費節減・民力休養] を主張。山県有朋は主権線（国境）・利益線（朝鮮）防衛のための軍備拡張を主張。
1892	松方正義①	○ 第2回総選挙で内務大臣 [品川弥二郎] が選挙干渉をおこなうが，[民党] が有利に。

大日本帝国憲法で定められた国家機構

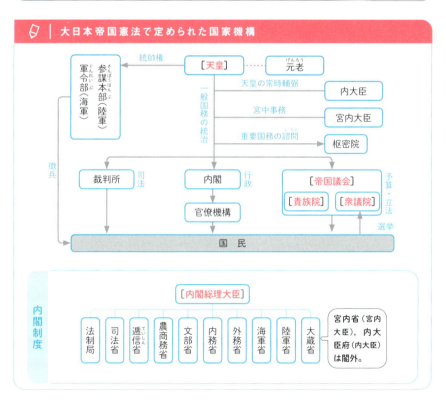

61 条約改正と日清戦争

🕐 | 5分で流れをチェック

☑ | 重要語句

◉ 外務卿（のち外務大臣）の［01］は，外国人が被告となる裁判では判事の過半数を外国人とすることを条件に，領事裁判権の撤廃を欧米諸国に了承させたが，国家主権の侵害だとの批判を受けた。また多数の日本人乗客が死亡した［02］や，東京日比谷の［03］を利用した極端な欧化主義により世論の反発が高まって，［01］は辞任した。‥‥‥‥‥

◉［04］外相は，**大審院**への外国人判事の採用認可が問題となり，［05］の青年に襲撃された。［06］外相は訪日中の**ロシア皇太子**が巡査**津田三蔵**に襲撃された［07］により1891年に辞任した。第1次松方正義内閣は大審院長［08］に［09］適用による犯人死刑の圧力をかけたが，適法の無期徒刑の判決が出され司法権の独立が守られた。‥‥‥‥

◉［10］外相（第2次伊藤博文内閣）は，1894年に［11］の調印で**領事裁判権の撤廃**と相互の最恵国待遇などを実現し，居留地廃止（内地雑居）とした。［12］外相（第2次桂太郎内閣）は，1911年に**関税自主権の回復**も達成した。‥‥

◉ 朝鮮では国王**高宗**の外戚で親日的な［13］政権に対し，1882年に高宗の父の［14］支持派らによる［15］がおこったが清により鎮圧された。［13］政権は親清的になり，1884年の［16］ら親日改革派の独立党による［17］もおこったが清により鎮圧され，1885年に日清間で［18］が結ばれた。［19］は『**時事新報**』に「［20］」を発表し，アジア連帯を拒否して欧米列強の一員となるべきと説いた。‥‥‥‥‥

◉ 日本は1882年に［21］を発布，1888年に鎮台を師団に改編した。1894年に朝鮮で**東学**信徒中心の農民による［22］を契機に，［23］となった。**黄海海戦**などで日本は勝利し，1895年に［24］（日本全権：伊藤博文・［10］，清全権：［25］）が結ばれた。内容は清による朝鮮独立の認可，［26］・**台湾**・澎湖諸島の割譲，賠償金［27］，［28］の開港などである。ロシアは仏・独と日本に［26］返還を勧告する［29］をおこない，日本はこれを受け入れた。‥‥‥‥‥

01 井上馨
02 ノルマントン号事件
03 鹿鳴館
04 大隈重信
05 玄洋社
06 青木周蔵
07 大津事件
08 児島惟謙
09 大逆罪
10 陸奥宗光
11 日英通商航海条約
12 小村寿太郎
13 閔妃
14 大院君
15 壬午軍乱（壬午事変）
16 金玉均
17 甲申事変
18 天津条約
19 福沢諭吉
20 脱亜論
21 軍人勅諭
22 甲午農民戦争（東学の乱）
23 日清戦争
24 下関条約
25 李鴻章
26 遼東半島
27 2億両
28 沙市・重慶・蘇州・杭州
29 三国干渉

🖊 条約改正のまとめ

年	担当者（おもな内閣）	おもな内容
1872	［岩倉具視］	○岩倉使節団として派遣されるが，視察のみで帰国。
1876〜78	［寺島宗則］	○米と関税自主権回復の改正合意，英・独反対で無効。
1882〜87	［井上馨］（伊藤博文①）	○外国人が被告の裁判で［外国人判事］の過半数採用を条件とする領事裁判権の撤廃，1886年の［ノルマントン号事件］，［鹿鳴館］外交での極端な欧化主義，それぞれが批判され，辞任。改正失敗は［三大事件建白運動］に発展。
1888〜89	［大隈重信］（伊藤博文①，黒田清隆）	○米・独・露と改正条約調印。［大審院］への外国人判事の採用認可が発覚。［玄洋社］の青年に襲撃され交渉中断。
1891	［青木周蔵］（山県有朋①，松方正義①）	○ロシアの東アジア進出を警戒したイギリスは理解を示すが，第1次松方正義内閣時に［大津事件］が発生し辞任。
1894	［陸奥宗光］（伊藤博文②）	○日清戦争直前に［日英通商航海条約］（1894年）を調印。［領事裁判権の撤廃］を達成。列国とも調印。
1911	［小村寿太郎］（桂太郎②）	○日米通商航海条約が期限となり，1911年の新条約で［関税自主権の回復］を達成。列国とも調印。

🖊 日清戦争のまとめ

	年	おもなできごと
朝鮮問題	1882年	○［壬午軍乱（壬午事変）］…親日派の［閔妃］政権への，大院君支持派らの反乱。清により鎮圧。閔妃は親清派となる。
	1884年	○［甲申事変］…［金玉均］ら親日改革派による閔妃政権への反乱。清により鎮圧。日本の朝鮮への影響力が減退。
	1885年	○［天津条約］…日清両国の朝鮮からの撤兵と，朝鮮への出兵時事前通告を規定。 日本全権：［伊藤博文］，清全権：［李鴻章］。
日清戦争	1894年	○［甲午農民戦争］…［東学］に率いられた農民反乱。日清戦争の契機。 ○［日清戦争］…第2次［伊藤博文］内閣。黄海海戦などを制し，日本勝利。
	1895年	○［下関条約］…講和条約。①清は朝鮮独立を認可 ②［遼東半島］・［台湾］・澎湖諸島の割譲 ③賠償金［2億両］の支払い ④沙市・重慶・蘇州・杭州の開港 日本全権：［伊藤博文・陸奥宗光］，清全権：［李鴻章］。 ○［三国干渉］…［ロシア・ドイツ・フランス］による遼東半島の返還勧告。

● 日清戦争後，第2次伊藤博文内閣は［ 01 ］を内相とし，**自由党**と提携した。次の第2次松方正義内閣は立憲改進党を中心に結成された**進歩党**と提携，［ 02 ］を外相とした。次の第3次伊藤内閣は自由党と提携せず，自由党と進歩党は合同して［ 03 ］を結成，［ 02 ］が首相で［ 01 ］が内相である［ 03 ］による最初の政党内閣となる第1次［ 02 ］内閣（隈板内閣）が誕生した。**尾崎行雄**文相の［ 04 ］もあり，［ 03 ］は旧自由党系の［ 03 ］と旧進歩党系の［ 05 ］に分裂した。……

● 第2次山県有朋内閣は［ 03 ］と提携し，選挙資格の納税額を直接国税10円以上に引き下げた。現役の大将・中将以外が陸・海軍大臣になれないようにする［ 06 ］，労働運動を制限する［ 07 ］も制定した。［ 03 ］は伊藤博文と結び，彼が総裁となる［ 08 ］を結成，第4次伊藤内閣が成立し，次に山県有朋の後継者の第1次［ 09 ］内閣が成立した。以後，伊藤博文や山県有朋らは［ 10 ］となった。………………

● ドイツは膠州湾を，ロシアは［ 11 ］を租借するなど，日清戦争後に列強の中国分割が進む一方，アメリカは国務長官［ 12 ］を通じて中国の［ 13 ］を提唱した。1900年に扶清滅洋をとなえる団体による［ 14 ］がおこり，さらに清も列国に宣戦する［ 15 ］がおこった。列国は連合軍を派遣して清を破り，1901年に［ 16 ］を結んだ。一方，朝鮮では公使［ 17 ］が［ 18 ］をおこし，逃れた国王高宗による親露政権が成立，国号も［ 19 ］となった。………………

● ロシアが事実上満州を占領すると，日本ではロシアと協調し満韓交換をおこなおうとする［ 20 ］と，イギリスと同盟してロシアに対抗しようとする方針とが対立したが，1902年に［ 21 ］が結ばれた。………………

● 1904年に［ 22 ］となり，日本はバルチック艦隊を全滅させた［ 23 ］で勝利したが国力の限界で，米大統領［ 24 ］の斡旋で1905年に講和の［ 25 ］（日本全権：［ 26 ］，ロシア全権：［ 27 ］）を結んだ。日本は，［ 11 ］の租借権，**長春**以南の鉄道利権，北緯50度以南の［ 28 ］などを獲得した。賠償金はなく，民衆は［ 29 ］をおこした。………………

📖 日清戦争～日露戦争の流れまとめ

年号	内閣	おもなできごと
1894	伊藤博文②	○ [甲午農民] 戦争。○ 日英通商航海条約締結。○ [日清戦争] 勃発。
1895		○ 下関条約締結。○ [三国干渉]。○ 朝鮮で [閔妃殺害事件]。
1896		○ [進歩党] 結成。○ [板垣退助] が内相として入閣，[自由党] と提携。
1896	松方正義②	○ [大隈重信] が外相として入閣，[進歩党] と提携。
1897		○ 貨幣法制定（金本位制確立）。
1898	伊藤博文③	○ 自由党と進歩党が合同して [憲政党] 結成。
1898	大隈重信① （隈板内閣）	○ 憲政党による最初の政党内閣。○ 尾崎行雄文相の [共和演説事件]。 ○ 憲政党は旧自由党の [憲政党]，旧進歩党の [憲政本党] に分裂。
1898	山県有朋②	○ 地租増徴（2.5%→3.3%に）。
1899		○ [文官任用令] 改正（政党の官僚への影響を防ぐ）。
1900		○ [治安警察法] 公布（社会運動・労働運動を規制）。 ○ [軍部大臣現役武官制] 制定（現役の大将・中将以外が陸・海軍大臣になれ ないようにして，政党の軍部への影響を防ぐ）。 ○ 中国で義和団事件➡ [北清事変] 勃発。
1900	伊藤博文④	○ 伊藤博文が憲政党と [立憲政友会] を結成して内閣組織。
1901	桂太郎①	○ 清と [北京議定書] 締結（賠償金や北京駐留権など獲得）。
1902		○ [日英同盟協約] 締結（ロシアの南下に対抗）。
1904		○ [日露戦争] 勃発。○ 日韓議定書締結。○ 第1次日韓協約締結。
1905		○ [ポーツマス条約] 締結。○ 日比谷焼打ち事件。○ 第2次日韓協約締結。

🔍 列強の中国分割MAP

🔍 ポーツマス条約で得たおもな権益

◉ 第1次［01］内閣は日露戦争後に退陣し，1906年に立憲政友会総裁である［02］が第1次内閣を組織し，［03］を公布して主要な民営鉄道を買収した。第2次［01］内閣は国民に勤労と節約を説く［04］を発布し，町村の租税負担力強化をはかる［05］を実施した。**幸徳秋水**らが天皇暗殺を計画したとして死刑となった［06］もおこり，社会主義者らが弾圧され，思想警察の特別高等課（特高）も設置された。その一方で労働者保護法の［07］も制定された。［01］と［02］が交互に政権を担当した時代を［08］と呼ぶ。……………

◉ 日露戦争開戦後，日本は韓国に軍事上必要な土地の収用を可能にする［09］と，日本政府推薦の財政顧問・外交顧問をおかせる［10］を結んだ。日本の韓国保護国化を他国に承認させるため，アメリカと［11］を結んだ。そして韓国から外交権を奪う［12］を結んで韓国を保護国とし，韓国首都の漢城に韓国外交を統轄する［13］（初代統監：［14］）を設立した。韓国皇帝**高宗**が1907年にオランダの第2回**万国平和会議**で抗議する［15］がおこると，日本は内政権も手中とする［16］を結び，韓国軍も解散させた。そのため反日の［17］がさかんとなったが，それも鎮圧された。1909年に［14］が満州の**ハルビン**で［18］に暗殺された。…………

◉ 1910年には［19］を結んで韓国を日本領とした。漢城を［20］と改称し，統治機関の［21］（初代総督：［22］）をおいた。朝鮮全土の土地測量や所有権確認の［23］を実施し，多くの土地を国有地として［24］などに払い下げた。…………

◉ 遼東半島南端の租借地である［25］を統治する機関として［26］が1906年に設置された。長春・旅順間の旧東清鉄道を経営する半官半民の［27］も**大連**に設立された。アメリカの鉄道業者［28］が同鉄道の共同経営を提案したが拒否され，アメリカ政府も満州鉄道の中立化を列国に提唱したが日本などに拒否された。アメリカ国内で［29］もおこり，日米間の関係は悪化した。ロシアとは4次にわたる［30］を結び，日本の満州権益を確保した。……………………………………

桂園時代前半のまとめ

年号	内閣	おもなできごと
1904	桂太郎①	○ 日露戦争開戦。 ○ 日韓議定書・[第1次日韓協約]締結。
1905		○ [桂・タフト協定]・第2次日英同盟協約・ポーツマス条約締結。 ○ [第2次日韓協約]締結。
1906	西園寺公望① (立憲政友会)	○ [統監府]開庁。　○ [南満州鉄道株式会社(満鉄)]設立。
1907		○ オランダで[ハーグ密使事件]➡[第3次日韓協約]締結。 ○ 韓国軍隊を解散➡[義兵運動]。
1908	桂太郎②	○ [戊申詔書]発布。
1909		○ [地方改良運動]。 ○ [伊藤博文]を[安重根]がハルビンで暗殺。
1910		○ [大逆事件]の検挙開始(翌年幸徳秋水ら死刑)。 ○ [韓国併合条約]締結・[朝鮮総督府]開庁。
1911		○ 日米通商航海条約締結(関税自主権の回復)。 ○ [工場法]公布(最初の労働者保護法)。○ 警視庁に特高設置。

日韓併合のまとめ

年	おもなできごと
1904	○ [日韓議定書]…軍事上必要な韓国の土地を日本が収用可能に。
	○ [第1次日韓協約]…日本政府が推薦する財政顧問・外交顧問を韓国政府内に置く。
1905	○ [桂・タフト協定]…日本の韓国保護国化と,アメリカのフィリピン統治を相互承認。
	○ 第2次日英同盟協約…日本の韓国保護国化をイギリスが承認。
	○ ポーツマス条約…日本の韓国への優越権をロシアが承認。
	○ [第2次日韓協約]…韓国の[外交権]を接収し保護国化。
	○ [統監府]の設置…初代統監:[伊藤博文]。外交権のある日本の代表機関。
1907	○ [ハーグ密使事件]…韓国皇帝高宗は第2回万国平和会議に密使を送り,第2次日韓協約の無効を主張しようとしたが列国から無視。高宗は退位。
	○ [第3次日韓協約]…韓国の[内政権]を接収。韓国軍隊は解散→[義兵運動]に発展。
1909	○ [伊藤博文]暗殺…独立運動家[安重根]により,満州の[ハルビン]で暗殺。
1910	○ [韓国併合条約]…韓国は日本領朝鮮となる。同化政策など植民地支配。武断政治。
	○ [朝鮮総督府]の設置…統監府から変更。初代総督:[寺内正毅]。[土地調査事業]実施。

5分で流れをチェック

松方デフレ後, [01] の確立で物価が安定し, [02] で機械生産が拡大し, 日清戦争後には繊維産業中心に [03] が本格的に成立した。1897年に [04] が制定され, 日清戦争の賠償金を準備金とし [05] が確立された。貿易では三井物産会社など [06] が活躍, [07] によりインドの [08] への航路が開設された。1896年の [09] 公布も造船・海運業を助けた。…………………………………………

原料の [10] から綿糸を生産する [11] では, 在来の手紡や [12] が発明した [13] で綿糸は生産されていたが, [14] らが1883年に開業した [15] が成功して, 機械制生産が拡大した。1890年には綿糸生産は輸入量より生産量が上となり, 1897年には輸入量より輸出量が上となった。綿糸から綿織物などを生産する [16] では, イギリスの [17] が発明した [18] が使用されていたが, 輸入の大型力織機や [19] らが考案した小型の [20] が普及し始めた。1909年には綿布の輸入額より輸出額が上となった。綿糸や綿織物の輸出は増加したが, 原料の綿花は中国・インド・アメリカから輸入したので, 綿業貿易自体は輸入超過だった。…………

原料の繭から生糸を生産する [21] では, [22] の生産量より [23] の生産量が日清戦争期の1894年に上となった。1909年には日本が世界最大の生糸輸出国となった。繭は国産が可能だったため, 製糸業は外貨の獲得源として重要であった。………………………………………………………

鉄道業では1881年に [24] が設立されて成功し, 民営鉄道が多く建設された。1889年には東京〜神戸間で東海道線（官営）が全通, 営業キロ数では官営より民営鉄道が上となった。1906年の [25] で主要な民営鉄道は国有化された。…

1884年頃から**官営事業払下げ**により三井・三菱（岩崎）などの**政商**が鉱工業の基盤をもち [26] となり, 事業を多角経営して [27] を形成し始めた。炭鉱では九州の [28] が日清戦争後に国内最大の産出量となり, 造船では [29] が成長した。鉄鋼では官営の [30] が1901年に操業開始した。……

重要語句

01 銀本位制
02 産業革命
03 資本主義
04 貨幣法
05 金本位制
06 商社
07 日本郵船会社
08 ボンベイ
09 造船奨励法・航海奨励法
10 綿花
11 紡績業
12 臥雲辰致
13 ガラ紡
14 渋沢栄一
15 大阪紡績会社
16 綿織物業
17 ジョン=ケイ
18 飛び杼
19 豊田佐吉
20 国産力織機
21 製糸業
22 座繰製糸
23 器械製糸
24 日本鉄道会社
25 鉄道国有法
26 財閥
27 コンツェルン
28 筑豊炭田
29 三菱長崎造船所
30 八幡製鉄所

🖊 | 産業革命の大きな流れ

年代	製糸業	紡績業 (綿糸)	綿織物業 (綿布)	貨幣・金融
1870年代 (殖産興業期)	○ 1872 [富岡製糸場] 開業			
1880年代 (産業革命開始期)		○ 1883 [大阪紡績会社] 開業		○ 1885 [銀]本位制
1890年代 (日清戦争後・ 軽工業中心)	○ 1894〜 [座繰]製糸の 生産量<[器械] 製糸の生産量 座繰製糸→器械 製糸への転換	○ 1890〜 [輸入]量 <[生産]量 ○ 1897〜 [輸入]量 <[輸出]量 手紡・ガラ紡 →機械制生産へ 転換	○ [豊田佐吉] が国産[力織 機]を発明。	○ 1897年 [貨幣法]制定 ↓ ○ [金]本位制
1900年代 (日露戦争後・ 重工業・軍備中心)	○ 1909 [輸出]世界一 になる		○ 1909 綿布の[輸入] 額<[輸出]額	

🖊 | 綿糸の生産と輸出入の変化

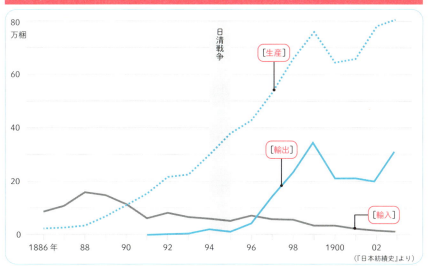

(『日本紡績史』より)

147

🕐 | **5分で流れをチェック**　　　　☑ | **重要語句**

🔘 農業では［ 01 ］（繭の生産）が生糸の輸出増加でさかん
となった。**松方財政**で農民は小作に転落，地主が小作に耕
作させ，小作料収入に依存する［ 02 ］が増加した。小作料
（現物納）収入は投資などで資本主義と結びつき，小作料に
苦しむ小作農の子女は工場に出稼ぎにも出た。……………

🔘 耕作地のない人間が大都市に流入し，貧民宿も存在した。
産業革命が進み，工場労働者が増加したが繊維産業が中心
で，［ 03 ］と呼ばれた女性が大部分，低賃金で，業種により
2交代制の昼夜業や14〜15時間労働もあった。その悲惨さ
は雑誌『日本人』，**横山源之助**の『［ 04 ］』，農商務省刊行の
『［ 05 ］』，細井和喜蔵の『［ 06 ］』などに記されている。………

🔘 栃木県の［ 07 ］（［ 08 ］の所有）の鉱毒が渡良瀬川流域
を汚染した［ 09 ］を衆議院議員の［ 10 ］が追及し，1901年
には議員を辞職して［ 11 ］まではかった（未遂）。……………

🔘 待遇改善・賃上げ要求で，1886年に日本最初のストライキと
される甲府の［ 12 ］，1889年には大阪で［ 13 ］などの先駆
的な女エストがおこった。職工義友会を組織した［ 14 ］，
［ 15 ］らにより1897年に［ 16 ］が結成された。対して第2次
［ 17 ］内閣は1900年に［ 18 ］を制定，団結権・ストライキ権を
制限した。また第2次［ 19 ］内閣は日本最初の労働者保護
法である［ 20 ］を1911年に公布した（実施は1916年）。………

🔘 1898年に［ 15 ］，［ 21 ］，［ 22 ］らが研究団体の［ 23 ］
を結成し，1900年に社会主義団体として社会主義協会に改
組した。1901年には日本最初の社会主義政党となる［ 24 ］
が6人（［ 15 ］，［ 21 ］，［ 22 ］，**木下尚江**，河上清，西川
光二郎）で結成された。しかし直後に［ 18 ］により解散となっ
た。1903年には［ 21 ］，［ 25 ］らで［ 26 ］が結成され，機
関紙の『**平民新聞**』で日露反戦論が主張された。1906年に
［ 27 ］が結成されたが，翌年解散させられた。第2次［ 19 ］
内閣は徹底的な弾圧方針を採用し，［ 21 ］らが死刑となる
［ 28 ］がおこり，社会主義者にとって「［ 29 ］」となった。……

	重要語句
01	養蚕
02	寄生地主
03	女工（工女）
04	日本之下層社会
05	職工事情
06	女工哀史
07	足尾銅山
08	古河市兵衛
09	足尾鉱毒事件
10	田中正造
11	天皇直訴
12	雨宮製糸スト
13	天満紡績スト
14	高野房太郎
15	片山潜
16	労働組合期成会
17	山県有朋
18	治安警察法
19	桂太郎
20	工場法
21	幸徳秋水
22	安部磯雄
23	社会主義研究会
24	社会民主党
25	堺利彦
26	平民社
27	日本社会党
28	大逆事件
29	冬の時代

🛡	**明治期の社会運動まとめ**	

労働環境	○ 『[日本之下層社会]』…[横山源之助]による。東京の貧民らの生活事情の調査。
	○ 『[職工事情]』…農商務省刊行。工場労働者の実態調査報告書。
	○ 『[女工哀史]』…細井和喜蔵による。紡績工場での労働体験を記載。
労働運動	○ [雨宮製糸スト]…1886年に甲府で発生。日本最初のストとされる。
	○ 天満紡績スト…1889年に大阪で発生。会社の譲歩獲得。
	○ [労働組合期成会]…[高野房太郎]・[片山潜]らにより1897年に結成。 労働組合結成を指導。これにより鉄工組合など組織。 1900年の[治安警察法]（第2次山県有朋内閣）で弾圧。
公害問題	○ [足尾鉱毒事件]…[古河市兵衛]の[足尾銅山]の鉱毒が[渡良瀬川]流域 を汚染。 衆議院議員[田中正造]が議会で追及するが操業停止にな らず。 1901年に田中は議員を辞職して天皇直訴をはかるが果たせず。 1907年の[谷中村]廃村・住民集団移転に田中は反対し住 民と抗議。
社会主義 活動	○ 社会主義研究会…社会主義の研究団体。安部磯雄らが結成。
	○ 社会主義協会…社会主義研究会を社会主義団体に改組。解散させられる。
	○ [社会民主党]…日本最初の社会主義政党。[片山潜]，[幸徳秋水]，[安部 磯雄]，[木下尚江]，河上清，西川光二郎で1901年結成。 結成2日で禁止。
	○ [平民社]…[幸徳秋水]，[堺利彦]らで1903年に結成。 『[平民新聞]』で社会主義の紹介や，日露戦争反戦論を主張。
	○ [日本社会党]…1906年結成。第1次[西園寺公望]内閣は当面存続を認めた。 党内で議会政策派と直接行動派が対立，後者優位で翌年禁止。
	○ 日本社会主義同盟…1920年に反資本主義勢力が結集。翌年治安警察法により禁止。
政府の対応	○ [治安警察法]…第2次[山県有朋]内閣。社会主義・労働運動を規制（団結権・ ストライキ権の制限，[女性]・未成年者の政治集会参加禁止など）。
	○ [大逆事件]…第2次[桂太郎]内閣。天皇暗殺を計画したとして[幸徳秋水] ら死刑。
	○ [工場法]……第2次[桂太郎]内閣。最初の労働者保護法，内容に不備あり。 資本家の反対で施行が遅れる（1911年公布→1916年施行）。

🕐 5分で流れをチェック　　　　　　　　☑ 重要語句

◉ 民権論に対して国権論が登場した。政府の欧化主義に対し、国民の欧化を主張する**平民的欧化主義**をとなえる［ 01 ］は、［ 02 ］を設立、雑誌『［ 03 ］』を発行して批判した。また平民的欧化主義と近代的民族主義との間で論争がおこった。日本的美意識を強調する**国粋主義**を説く［ 04 ］らは、［ 05 ］を設立、雑誌『［ 06 ］』を発行して欧化主義を批判し、国家の独立を重視した**国民主義**を説く［ 07 ］は新聞『［ 08 ］』を発行した。日本古来の伝統を重視する**日本主義**を説く［ 09 ］は、雑誌『［ 10 ］』を発行した。日清戦争後は国家利益を重視する［ 11 ］が主流となったが、日露戦争後は［ 11 ］への疑問も生まれ、政府はその是正で［ 12 ］を発した。…………

◉ 神道国教化は失敗したが、［ 13 ］は普及した。仏教では廃仏毀釈から［ 14 ］による革新運動がなされた。……………

◉ 学制の画一性に批判があり、アメリカを参考に地方の自主性を認めた［ 15 ］が1879年に出された。1886年に［ 16 ］が文相［ 17 ］により出され、小学校が尋常・高等の2種となった。小学校は1890年に義務教育が尋常小学校3～4年となり、1907年に義務教育6年となった。1900年に義務教育授業料が廃止され、就学率も1902年に90％超、1911年には約98％になった。高等教育では、東京大学が**帝国大学**に改称、1897年には各帝国大学が創設され、**福沢諭吉**の［ 18 ］、**新島襄**の［ 19 ］、［ 20 ］の［ 21 ］（のちの**早稲田大学**）など私立学校も創設された。………………

◉ 1890年に［ 22 ］で忠君愛国が強調された。1891年に［ 22 ］への拝礼を拒否して講師が免職となる［ 23 ］もおこった。1903年に小学校教科書が［ 24 ］に限られた。……………

◉ ［ 25 ］が『日本開化小史』を著した。1891年に帝国大学教授［ 26 ］の論文「**神道は祭天の古俗**」が批判された。ペスト菌などを発見した［ 27 ］、**赤痢菌**を発見した［ 28 ］、アドレナリンを抽出した［ 29 ］、緯度変化の**Z項**を発見した［ 30 ］、原子構造の研究に寄与した［ 31 ］らが活躍した。……………

明治期の思想まとめ

1870年代頃 （征韓論争など）	○ 民権論…国民の権利などを保障して国家が繁栄する思想。		
	○ 国権論…国家の権利を拡張して国力を充実させる思想。		
井上馨の条約 改正交渉期	○ 貴族的欧化主義…政府による欧化主義政策。鹿鳴館外交など。		
	○ 平民的欧化主義…[徳富蘇峰]が[民友社]設立。雑誌『[国民之友]』発行。 政府による貴族的欧化主義を批判。		
	近代的 民族主義	○ 国粋主義…[三宅雪嶺]らが[政教社]設立。雑誌『[日本人]』 発行。	
		○ 国民主義…[陸羯南]が新聞『[日本]』発行。	
日清戦争後	○ 日本主義…[高山樗牛]が雑誌『[太陽]』を発行。		
	○ 国家主義…個人の利益より国家の利益を優先する思想。思想界の主流に。		

思想家に対外膨張主義が拡大。

明治期の教育の普及

政策	○ [学制]…1872年公布。フランス流。小学校教育を普及。実情無視の画一的内容。	
	○ [教育令]…1879年公布。アメリカ流。地方の自主性尊重。翌年，中央の権限強化。	
	○ [学校令]…1886年公布。ドイツ流。第1次伊藤博文内閣の文相[森有礼]が公布。	
	○ 義務教育…1890年に3〜4年 ➡ 1907年に6年。就学率は1902年90％超。	
	○ [教育に関する勅語（教育勅語）]…1890年。忠君愛国強調。奉読式実施。御真影配布。 **1891年，教育勅語へ拝礼を拒否し，[内村鑑三]が免職。**	
	○ [国定教科書]制度…1903年。文部省の著作に限定する制度。	
高等教育	官立	○ 各帝国大学…東京・京都・東北・九州・北海道・台北・大阪・名古屋・京城の9帝 大設立。
	私立学校	○ [東京専門学校]…1882年に[大隈重信]が設立。のちの早稲田大学。
		○ [慶応義塾]…1868年に[福沢諭吉]が設立。のちの慶応義塾大学。

明治期の学問まとめ

歴史学	○ [久米邦武]の論文「神道は祭天の古俗」が批判され，辞職する事件発生。
医学	○ [北里柴三郎]…ペスト菌などを発見。○ [志賀潔]…赤痢菌を発見。
薬学	○ [高峰譲吉]…タカジアスターゼを創薬。○ 鈴木梅太郎…オリザニンを抽出。
天文学	○ [木村栄]…緯度変化のZ項を発見。
物理学	○ [長岡半太郎]…原子構造の研究に寄与。

🕐 5分で流れをチェック

☑ 重要語句

◉ 明治期に日本最初の日刊新聞（1870年）『[01]』が創刊され，民撰議院設立の建白書を掲載した『[02]』なども出された。雑誌では総合雑誌『中央公論』などが創刊された。……

◉ 人間の内面などをあるがままに描く**写実主義**では『**小説神髄**』の[03]，**言文一致体**による『**浮雲**』の[04]，『金色夜叉』の[05]，『五重塔』の[06]などがいた。[05]は文学結社の硯友社を結成している。日清戦争前後の時期，感情の解放を描く**ロマン主義**では雑誌『**文学界**』の[07]，『**舞姫**』の[08]，『若菜集』の[09]，『みだれ髪』の[10]，『たけくらべ』の[11]がいた。[10]の夫の[12]はロマン主義運動の中心雑誌『明星』を主宰している。日露戦争前後の時期，社会の暗い現実をそのまま描こうとする**自然主義**では『**破戒**』の[09]，『**蒲団**』の[13]，『一握の砂』の[14]がいた。その他では『吾輩は猫である』の[15]が有名である。俳句では[16]が革新運動をおこなった。………

◉ 川上音二郎の壮士芝居である**新派劇**がおこなわれ，対して[03]と島村抱月の[17]や小山内薫の[18]は西洋近代劇を上演して，**新劇**と呼ばれた。西洋歌謡を模倣した**唱歌**が音楽教育で採用された。国立音楽教育機関の[19]は「荒城の月」の[20]を輩出した。………………

◉ 1876年に西洋美術教育の**工部美術学校**が設立された。当初西洋美術を除外した[21]も[22]とアメリカ人[23]の尽力で1887年に設立され，1898年には[22]らを中心に[24]も設立された。日本画では「悲母観音」の[25]，「龍虎図」の[26]が活躍した。日本最初の西洋美術団体の[27]が**浅井忠**らにより1889年に設立され，「**湖畔**」の**黒田清輝**が[28]を設立するなど西洋画もさかんだった。文部省は1907年に**文部省美術展覧会（文展）**を開設した。………

◉ 彫刻では「老猿」の[29]，「**女**」の[30]が活躍した。建築ではニコライ堂を設計した[31]，日本銀行本店を設計した[32]，旧東宮御所を設計した[33]が活躍した。……

			明治期の文学・芸術のまとめ

新聞			○『[横浜毎日新聞]』…日本最初の日刊新聞。1870年創刊。
			○『[日新真事誌]』…民撰議院設立の建白書を掲載。1872年創刊。
文学	写実主義		○[坪内逍遥]…『[小説神髄]』。写実主義を提唱した中心的存在。
			○[二葉亭四迷]…言文一致体の『[浮雲]』。
			○[尾崎紅葉]…『[金色夜叉]』。硯友社を結成。
			○[幸田露伴]…『五重塔』。東洋哲学が基盤の理想主義的作風。
	ロマン主義		○[北村透谷]…ロマン主義文学の母体となる雑誌『[文学界]』。
			○[森鷗外]…『[舞姫]』,『即興詩人』。
			○[与謝野晶子]…『みだれ髪』。夫[与謝野鉄幹]は雑誌『[明星]』主宰。
			○[樋口一葉]…『たけくらべ』,『にごりえ』。
	自然主義		○[島崎藤村]…『[破戒]』。ロマン主義の『[若菜集]』も。
			○[田山花袋]…『[蒲団]』,『田舎教師』。
	その他		○[石川啄木]…『一握の砂』。社会主義思想を含む生活詩。
			○[夏目漱石]…『吾輩は猫である』,『坊っちゃん』,『こころ』。
	俳句		○[正岡子規]…俳句革新運動。俳句雑誌『ホトトギス』で活躍。
芸能・音楽	[新派劇]		○従来の歌舞伎に対する新しい劇。川上音二郎の壮士芝居など。
	[新劇]		○[文芸協会]…[坪内逍遥]と[島村抱月]が設立。西洋近代劇。
			○[自由劇場]…[小山内薫]と2代目市川左団次が設立。西洋近代劇。
			○[東京音楽学校]…国立の音楽教育機関。「荒城の月」の[滝廉太郎]輩出。
美術			○[東京美術学校]…[岡倉天心]・アメリカ人[フェノロサ]の尽力。日本画の再興。
			○[日本美術院]…[岡倉天心]・[橋本雅邦]を中心にした日本画の美術団体。
			○[工部美術学校]…西洋美術の学校。外国人教師まねく。浅井忠ら輩出。
			○[明治美術会]…[浅井忠]らによる日本最初の西洋美術団体。
			○[白馬会]…[黒田清輝]らを中心にした西洋美術団体。
彫刻・建築			○[高村光雲]…「[老猿]」。伝統的な木彫。
			○[荻原守衛]…「[女]」。ロダン「考える人」に影響され彫刻開始。西洋流の彫塑。
			○[コンドル]…ニコライ堂を設計。お雇い外国人。辰野金吾,片山東熊らを育てる。
			○[辰野金吾]…日本銀行本店,東京駅を設計。
			○[片山東熊]…旧東宮御所(赤坂離宮)を設計。

MY MEMO

KEYWORD

自分がまちがえやすい用語をメモしておこう！

CHAPTER 08

大正〜昭和時代（戦前）

🔴 立憲政友会が与党となる第2次［01］内閣が成立し，1912年に明治天皇が死去，［02］が即位した。この時期に『憲法講話』を刊行した［03］が統治権の主体は国家で天皇はその最高機関とする［04］などをとなえた。中国では1911年に［05］が発生し，1912年には［06］が成立，［07］をとなえた革命指導者［08］が臨時大総統に就任し，のちには［09］が大総統に就任した。……………………………

🔴 1907年に策定された［10］により，海軍は［11］を目標にし，陸軍は当面の［12］を要求した。陸軍の要求を［01］首相が拒否すると，［13］陸相が単独で辞表を天皇に提出し陸軍は後継陸相を推薦せず，［14］の規定により内閣は総辞職した。これを［12］問題という。……………………………

🔴 陸軍出身で長州閥の［15］が元老により推薦され，第3次内閣を組織した。直前まで［16］兼侍従長であった人物が首相となるのは宮中と府中の境界を乱すと批判され，**立憲政友会**の［17］と**立憲国民党**（憲政本党中心に結成）の［18］を中心とした野党勢力により，藩閥や軍部への不満から［19］をスローガンとする［20］が全国に広がった。［15］は新党結成で内閣維持をはかったが，内閣不信任案の提出や，民衆の議会包囲もあり，内閣は50日余りで総辞職する［21］となった。この時に［15］が組織した新党はのちに［22］（総裁：［23］）となった。……………………………

🔴 海軍大将の［24］により，立憲政友会を与党とした第1次内閣が組織された。高級官僚へ政党員もなれるように［25］を改正し，軍部大臣の資格を［26］の大将・中将まで資格を広げるよう［14］を改革した。1914年に海軍上層部の汚職事件となる［27］が発生し，同内閣は退陣した。…………

🔴 元老により大衆に人気の［28］が後継首相となった。第2次［28］内閣は［22］を与党とし，1915年の選挙で圧勝し，陸軍の要求である［12］も議会で可決された。1914年からは列強間で［29］が始まっていた。……………………………

重要語句

01 西園寺公望
02 大正天皇
03 美濃部達吉
04 天皇機関説
05 辛亥革命
06 中華民国
07 三民主義
08 孫文
09 袁世凱
10 帝国国防方針
11 八・八艦隊
12 2個師団増設
13 上原勇作
14 軍部大臣現役武官制
15 桂太郎
16 内大臣
17 尾崎行雄
18 犬養毅
19 閥族打破・憲政擁護
20 第一次護憲運動
21 大正政変
22 立憲同志会
23 加藤高明
24 山本権兵衛
25 文官任用令
26 予備役・後備役
27 シーメンス事件
28 大隈重信
29 第一次世界大戦

桂園時代後半・大正政変前後のまとめ

年	内閣	おもなできごと
1911	西園寺公望② (立憲政友会)	○ 中国で [辛亥革命] 発生。
1912	西園寺公望② (立憲政友会)	○ 孫文が [中華民国] 建国の宣言。清滅亡。 ○ 明治天皇が死去，大正天皇が即位。大正に改元。 ○ [2個師団増設問題]…[上原勇作] 陸相が辞任，内閣総辞職。
	桂太郎③	○ 桂太郎が直前まで [内大臣] 兼侍従長であったことなどを野党が非難。 ○ [第一次護憲運動] 開始。[閥族打破・憲政擁護] をスローガン。
1913		○ [大正政変]…50日余りで内閣総辞職。
	山本権兵衛① (立憲政友会)	○ [軍部大臣現役武官制] の改正。 ○ 文官任用令の改正。 ○ [立憲同志会]（総裁…加藤高明）が結成。
1914		○ [シーメンス事件]。内閣総辞職。
	大隈重信② (立憲同志会)	○ [第一次世界大戦] 勃発。

中国情勢

1911	[辛亥革命]	○ [三民主義]（民族主義・民権主義・民生主義）。 孫文が組織した中国同盟会が中心。革命後は [国民党] に改組。
1912	[中華民国] 建国	○ [孫文] が南京で臨時大総統に就任。 ○ 清の最後の皇帝である宣統帝（[溥儀]）が退位して清滅亡。 ○ 軍閥の [袁世凱] が大総統に就任。のち軍閥割拠の時代に。

第3次桂太郎内閣

[第一次護憲運動]	○ 立憲政友会の [尾崎行雄] と立憲国民党（憲政本党中心に結成）の [犬養毅] が中心の倒閣運動。[閥族打破・憲政擁護] がスローガン。
[大正政変]	○ 第一次護憲運動の結果，桂太郎が50日余りで退陣した政変。

第1次山本権兵衛内閣

[軍部大臣現役武官制] 改正	○ 軍部大臣の資格から [現役] 規定削除，[予備役・後備役] まで拡大（実際は現役者が軍部大臣となっていた）。
[シーメンス事件]	○ ドイツのシーメンス社と海軍の汚職事件。海軍高官らが裁判で有罪。海軍閥の山本権兵衛も批判され退陣。

◉ 欧州ではドイツ・イタリア・オーストリアの [01] と，イギリス・フランス・ロシアの [02] が対立しており，日本は [02] 陣営に属した。1914年にオーストリア帝位継承者夫妻が暗殺された [03] を機に，各国が [01] 側・[02] 側（連合国）で争う総力戦の**第一次世界大戦**となった。元老 [04] は大戦を**天佑**と称した。アメリカは1917年に連合国側で参戦した。⋯

◉ 第2次 [05] 内閣は外相 [06] の主導で [07] を理由にドイツに宣戦，ドイツの中国根拠地 [08] や赤道以北の [09] の一部を占領した。1915年には北京の [10] 政府に [11] を通告，[12] のドイツ権益の継承，[13] の共同経営，旅順・大連の租借期限延長などを承認させた。中国では民衆が要求の承認日を [14] とした。ロシアとは日露同盟とも呼ばれる第4次 [15] を結んだ。⋯⋯⋯⋯⋯⋯⋯

◉ [16] 内閣は北京政府の実権を握った [17] 政権に巨額の借款を与えて，影響力拡大をはかった。これを [18] という。アメリカとは特派大使 [19] と米国務長官 [20] により日米両国は中国の領土保全・門戸開放を認め，アメリカは日本の中国への特殊権益を認める [21] が結ばれた。⋯⋯⋯⋯

◉ ロシアでは1917年に [22]（二月革命・十月革命）が発生し，[23] の主導で世界初の社会主義国が誕生，ソヴィエト政権は1918年にドイツなどと講和した。英・仏・日などは革命干渉の [24] をおこした。尼港事件などを経て1922年に日本は撤兵，同年 [25] が成立した。⋯⋯⋯⋯⋯⋯⋯

◉ 貿易は大幅に輸出超過，日本は債務国から債権国となった。この好景気を [26] といい，**成金**が生まれた。工業が発展し，工業生産額は農業生産額より上となった。造船業では世界の船舶不足による好況で [27] が誕生し，日本は世界第3位の海運国になった。鉄鋼業では満鉄の [28] も設立された。水力発電で，猪苗代・東京間の長距離送電もおこなわれた。紡績業では中国で工場経営する [29] も拡大した。大戦終了後は**戦後恐慌**となった。⋯⋯⋯⋯

第一次世界大戦の時期のまとめ

年	内閣	おもなできごと
1914	大隈重信②	○ 第一次世界大戦勃発。ドイツに宣戦布告。青島など占領。
1915		○ 中国の [袁世凱] 政府へ [二十一カ条の要求]。
1916		○ 第4次 [日露協約] 調印。
1917	寺内正毅	○ 中国の [段祺瑞] 政権へ [西原借款]。 ○ ロシアで [ロシア革命] 発生。 ○ 金輸出禁止。○ アメリカと [石井・ランシング協定] 調印。
1918		○ [シベリア出兵] 派兵決定。○ 米騒動。

第一次世界大戦下の日本の動き

1914	第一次世界大戦	○ 日英同盟を理由にドイツに宣戦布告。ドイツ中国根拠地 [青島]，赤道以北の [ドイツ領南洋諸島] 占領。英の要請で地中海にも派兵。
1915	[二十一カ条の要求]	○ 中国 [袁世凱] 政府に，[山東省] のドイツ権益継承，[漢冶萍公司] の共同経営，[旅順・大連] の租借期限延長など要求，大部分を承認。日本人の政治・財政顧問を採用させる要求は承認されず。 ○ 中国では国民がこの要求承認日を [国恥記念日] とした。
1916	第4次日露協約	○ 事実上の日露同盟。ロシア革命で消滅。
1917	[西原借款]	○ 中国 [段祺瑞] 政権に借款を与えて，影響力拡大をはかる。
	[石井・ランシング協定]	○ 日米両国は中国の [領土保全・門戸開放] を承認。 ○ アメリカは日本の中国への [特殊権益] を承認。
1918	[シベリア出兵]	○ 米，英，日，仏による [ロシア革命] への干渉。チェコスロヴァキア軍救援を名目。大戦終了後も日本駐兵。尼港事件で日本人惨殺。

大戦景気のまとめ

貿易	○ 対ヨーロッパ（連合国）…戦争当事国に，[軍需品] を輸出。 ○ 対アジア…欧州列国が戦争中で後退し，[綿織物] を輸出。 ○ 対アメリカ…欧州での戦争のため景気好況で，[生糸] を輸出。
工業	○ 海運・造船業…世界的船舶不足で発展。[船成金] も誕生。 　→日本はイギリス・アメリカにつぐ世界第3位の海運国に。 ○ 化学工業…ドイツからの輸入途絶で発達。 ○ 鉄鋼業…満鉄が [鞍山製鉄所] を設立。二十一カ条の要求で鉱山採掘権取得。 ○ 電力業…[猪苗代・東京] 間の長距離送電成功。原動力が蒸気から電力へ。
結果	○ 貿易は輸出超過。日本は [債務国] から [債権国] へ。 ○ [工業] 生産額が [農業] 生産額を上まわる。 ○ 空前の好景気で [成金] 発生。 ○ 大戦終了後の1920年には [戦後恐慌] 発生。

70 大正デモクラシー

🕐 | 5分で流れをチェック

☑ | 重要語句

寺内正毅内閣の時代，立憲同志会などが合同して［ 01 ］が誕生した。1918年に［ 02 ］により米価が急騰し，富山の騒動から各都市で［ 03 ］となった。………………………………

1918年に［ 04 ］が与党の［ 05 ］内閣が誕生した。［ 05 ］は**平民宰相**と呼ばれ，内閣も軍部大臣・外務大臣以外は与党員の本格的な政党内閣だった。同内閣は高等教育拡充のために［ 06 ］を公布するなど積極政策を実施し，選挙法を改正して選挙権納税資格を10円以上から3円以上に変更し，［ 07 ］を導入した。1919年には**ヴェルサイユ条約**が結ばれ，1920年には**戦後恐慌**も発生，1921年に［ 05 ］は暗殺された。後継の［ 08 ］内閣は**ワシントン会議**に参加して退陣，次の［ 09 ］内閣は非政党内閣だった。……………………

大正期の自由主義・民主主義的風潮を［ 10 ］といい，**美濃部達吉**の**天皇機関説**や，明治憲法下での民衆の政治参加を主張する［ 11 ］の［ 12 ］などの理念が生まれた。［ 11 ］はそれを啓蒙する［ 13 ］を組織し，その影響を受けた学生は［ 14 ］を結成した。労働争議が増加し，1912年に労働者修養団体である［ 15 ］が［ 16 ］により結成された。1920年には最初の［ 17 ］が開催された。［ 15 ］は労資協調から階級闘争へと次第に方針を変えてゆき，1921年に［ 18 ］へと発展した。**小作争議**が増加し，小作人の全国組織となる［ 19 ］が杉山元治郎・［ 20 ］らにより結成された。………

1920年に反資本主義勢力が結集して［ 21 ］が結成された（翌年禁止）。東京帝国大学助教授の［ 22 ］がクロポトキンの研究で休職処分になり，1922年には**堺利彦**や**山川均**らにより［ 23 ］が非合法的に結成された。………………………

［ 24 ］らが［ 25 ］を結成，雑誌『**青鞜**』も発行した。女性参政権など要望する［ 26 ］も［ 24 ］と**市川房枝**らが設立し，1922年には［ 27 ］が改正され女性も政治集会への参加が可能となった。1922年に［ 28 ］らで［ 29 ］が結成され，被差別部落への差別の解消をめざす運動もおこなわれた。……

01	憲政会
02	シベリア出兵
03	米騒動
04	立憲政友会
05	原敬
06	大学令
07	小選挙区制
08	高橋是清
09	加藤友三郎
10	大正デモクラシー
11	吉野作造
12	民本主義
13	黎明会
14	東大新人会
15	友愛会
16	鈴木文治
17	メーデー
18	日本労働総同盟
19	日本農民組合
20	賀川豊彦
21	日本社会主義同盟
22	森戸辰男
23	日本共産党
24	平塚らいてう
25	青鞜社
26	新婦人協会
27	治安警察法
28	西光万吉
29	全国水平社

政党内閣の成立とその前後のまとめ

年	内閣	おもなできごと
1918	寺内正毅	○ シベリア出兵決定 → [米騒動] 発生。
	原敬	○ 初の本格的政党内閣。[大学令] 公布。
1919		○ 衆議院議員選挙法改正。 ──〈 小選挙区制を導入。 〉 ○ [ヴェルサイユ条約] 調印。
1920		○ [国際連盟] 加入。 ○ [新婦人協会] 結成。○ 最初の [メーデー]。○ 日本社会主義同盟結成。
1921		○ [日本労働総同盟] 誕生。○ [原敬] が東京駅で刺殺。
	高橋是清	○ ワシントン会議参加（翌年まで）。
1922		○ [全国水平社] 結成。○ [日本農民組合] 結成。○ 治安警察法改正。
	加藤友三郎	○ [日本共産党] 結成（非合法）。

大正デモクラシー・社会運動のまとめ

大正デモクラシーの中心的思想		○ [天皇機関説]…[美濃部達吉]。天皇は国家の最高機関で憲法により統治権を行使。
		○ [民本主義]…[吉野作造]。明治憲法下での民衆の政治参加を説き，普通選挙の実現を主張。
社会運動	労働運動	○ [友愛会]（1912年，[鈴木文治] 創設）→ 大日本労働総同盟友愛会（1919年，1920年に初の [メーデー]）→ 日本労働総同盟友愛会（1920年）→ [日本労働総同盟]（1921年）と変遷。労資協調から階級闘争へと変化。
	小作争議	○ 小作人全国組織の [日本農民組合] を [杉山元治郎]・[賀川豊彦] らが結成。
	社会主義	○ [日本社会党]（1906年）→ [日本社会主義同盟]（1920年），[治安警察法] によりそれぞれ翌年に結成禁止。 ○ 1922年には非合法的に [日本共産党] 結成。
	女性運動	○ [青鞜社]（1911年，[平塚らいてう] 創設）→ [新婦人協会]（1920年，平塚らいてう・[市川房枝] 創設，のち治安警察法改正で女性の政治集会参加可能に）→ 婦人参政権獲得期成同盟会（1924年）→ 婦選獲得同盟（1925年）。
	部落差別	○ [西光万吉] らにより [全国水平社] が結成。被差別部落への差別解消運動。

71 ワシントン体制

5分で流れをチェック

1918年にドイツは連合国に降伏し、1919年に［01］が開催された（日本全権：［02］・牧野伸顕）。その結果、［03］が結ばれ、ドイツに巨額な賠償金などが課された。日本は中国山東省の旧ドイツ権益、赤道以北の旧ドイツ領南洋諸島の［04］を獲得した。米大統領［05］が［06］などを提唱した**ウィルソン14カ条**により、［07］の設立も決定された。［07］の［08］は英・日・仏・伊で、アメリカは自国上院の反対で加盟できなかった。この条約による国際秩序を［09］という。

中国では、1919年に反日国民運動の［10］もおき、［03］調印を拒否した。1925年には**在華紡**の中国人ストライキを機に反帝国主義運動に発展した［11］もおこった。朝鮮では1919年、民族自決気運の国際的な高まりを背景に［12］が全土でおこなわれたが、朝鮮総督府はこれを弾圧した。朝鮮総督斎藤実は朝鮮の憲兵警察を廃止するなど武断政治から［13］へと統治方針を転換した。

1921年から米大統領ハーディングの提唱で極東問題などを審議する［14］が開催された（日本全権：［15］・［16］・徳川家達）。米・英・日・仏間で太平洋の現状維持などを決める［17］が結ばれ、これにより［18］は終了となった。1922年には米・英・日・仏・伊・ベルギー・ポルトガル・オランダ・中国間で中国の主権尊重・門戸開放・機会均等を決めた［19］が結ばれ、これにより［20］は廃棄となった。軍縮面では［21］の保有比率を米：英：日：仏：伊＝5：5：3：1.67：1.67として、10年間は［21］を建造しないことを決める［22］が結ばれた。この会議による国際秩序を［23］という。

のちの**加藤高明**内閣や第1次**若槻礼次郎**内閣の時代には［16］外相による［24］とも呼ばれる協調外交政策が展開された。1925年にはソ連と国交樹立する［25］を結んだ。中国では中国国民党と中国共産党が提携する第1次［26］がおこなわれ、**孫文**のあとを継いだ［27］により中国統一をめざす［28］も開始された。

重要語句

01 パリ講和会議
02 西園寺公望
03 ヴェルサイユ条約
04 委任統治権
05 ウィルソン
06 民族自決
07 国際連盟
08 常任理事国
09 ヴェルサイユ体制
10 五・四運動
11 五・三〇事件
12 三・一独立運動
13 文化政治
14 ワシントン会議
15 加藤友三郎
16 幣原喜重郎
17 四カ国条約
18 日英同盟協約
19 九カ国条約
20 石井・ランシング協定
21 主力艦
22 ワシントン海軍軍縮条約
23 ワシントン体制
24 幣原外交
25 日ソ基本条約
26 国共合作
27 蔣介石
28 北伐

162

ワシントン体制の時期のまとめ

年	内閣	おもなできごと
1919	原敬 (立憲政友会)	○ 朝鮮で [三・一独立運動]。中国で [五・四運動]。 ○ [ヴェルサイユ条約] 調印。
1920		○ [国際連盟] 加入，常任理事国に。
1921	高橋是清	○ ワシントン会議参加。太平洋問題で [四カ国条約] 調印。
1922		○ 中国問題で [九カ国条約] 調印。 ○ 軍縮で [ワシントン海軍軍縮条約] 調印。
	加藤友三郎	○ シベリア出兵の撤兵完了。ソ連成立。

ヴェルサイユ体制のまとめ

パリ講和会議	○ ドイツが連合国へ降伏した第一次世界大戦の処理。 ○ 日本全権：[西園寺公望]・牧野伸顕。 ○ 米大統領 [ウィルソン] は会議前年に民族自決や国際連盟の設立など14カ条の原則を提唱。
[ヴェルサイユ条約]	○ ドイツ…巨額の賠償金，領土の一部割譲，軍備制限。 ○ 日本…中国 [山東省] の旧ドイツ権益継承。[赤道以北の旧ドイツ領南洋諸島] の [委任統治権] を獲得。
[国際連盟]	○ 初の国際平和機構。常任理事国は英・日・仏・伊。 ○ 米の提唱での設立だが，米は [上院] に反対され不参加。
[三・一独立運動]	○ 京城パゴダ公園から朝鮮全土に拡大した独立運動。 ○ 朝鮮総督府は弾圧。国際世論もあり，朝鮮総督に文官就任を可能にして，武断政治から [文化政治] へと統治方針を転換。
[五・四運動]	○ ドイツ権益の中国返還など求める反日運動。ヴェルサイユ条約調印を拒否。

ワシントン体制のまとめ

ワシントン会議	日本全権…[加藤友三郎]・[幣原喜重郎]・徳川家達。
[四カ国条約]	○ 調印国…[米・英・日・仏] ○ 太平洋の現状維持などを決める。 ○ 結果…条約に抵触するため [日英同盟協約] 廃棄。
[九カ国条約]	○ 調印国…[米・英・日・仏・伊・ベルギー・ポルトガル・オランダ・中国] ○ 中国の主権尊重・門戸開放・機会均等を決める。 ○ 結果…条約に抵触するため [石井・ランシング協定] 廃棄。
[ワシントン海軍軍縮条約]	○ [主力艦] 保有比率を米：英：日：仏：伊＝[5：5：3：1.67：1.67] として，10年間の主力艦の建造禁止を決める。

🕐 5分で流れをチェック

🔴 第2次 [01] 内閣の成立直前，1923年に [02] が発生し，流言もあり多数の [03] や中国人らが自警団に殺害された。震災の混乱を利用し，警察署で労働運動家10名が軍人により殺害される [04] がおこったほか，憲兵の [05] により無政府主義者の [06]，内縁の妻 [07] らが殺害された [08] もおこった。同年に無政府主義者の [09] によりのちの [10] となる摂政裕仁親王が虎の門付近で狙撃された [11] もおこり，内閣は総辞職した。……………………………………

🔴 次の [12] 内閣は超然内閣であるとして**立憲政友会**（総裁：[13]）・**憲政会**（総裁：[14]）・[15]（代表：[16]，立憲国民党の後身）の**護憲三派**が [17] をおこした。これに対して内閣は [18]（中心：床次竹二郎）を味方に総選挙をおこなったが，護憲三派の勝利となった。…………………

🔴 1925年，憲政会総裁の [14] が3党で連立内閣を組織した。外交では [19] 外相のもとにソ連と [20] を結び，陸軍師団数を減らす [21] も実施した。そして [22] の変革・[23] の否認を目的とする結社の組織者・参加者を処罰する [24] を成立させた。これでソ連による共産主義や，普通選挙実施による労働者階級の影響力拡大に備えるとともに，満25歳以上の男性が選挙権をもてる [25] も成立させた。……

🔴 連立与党の立憲政友会が [26] を総裁とし，[15] を吸収した。護憲三派の提携が解消され，憲政会を単独与党とする第2次 [14] 内閣となったが，1926年に [14] は病死した。次期総裁に [27] が就任して第1次内閣を組織した。同年，大正天皇が死去し，[10] が即位し，改元された。……

🔴 のちの [27] の退陣後には立憲政友会総裁の [26] が内閣を組織し，憲政会は [18] と合同して [28] となった。[14] 内閣が成立して，のちに [16] 首相が五・一五事件で暗殺されるまで，衆議院で議席多数の立憲政友会か憲政会（のち [28]）の総裁のどちらかが内閣を組織するのが慣行となった。この慣行は [29] と呼ばれる。………………………………

☑️ 重要語句

01 山本権兵衛
02 関東大震災
03 朝鮮人
04 亀戸事件
05 甘粕正彦
06 大杉栄
07 伊藤野枝
08 甘粕事件
09 難波大助
10 昭和天皇
11 虎の門事件
12 清浦奎吾
13 高橋是清
14 加藤高明
15 革新倶楽部
16 犬養毅
17 第二次護憲運動
18 政友本党
19 幣原喜重郎
20 日ソ基本条約
21 宇垣軍縮
22 国体
23 私有財産制度
24 治安維持法
25 普通選挙法
26 田中義一
27 若槻礼次郎
28 立憲民政党
29 憲政の常道

関東大震災～護憲三派内閣成立の時期のまとめ

年	内閣	おもなできごと
1923	山本権兵衛②	○ [関東大震災]。○ 亀戸事件。○ 甘粕事件。 ○ [虎の門事件] により退陣。
1924	清浦奎吾	○ [第二次護憲運動] 発生。総選挙の結果，退陣。
	加藤高明 （①：護憲三派） （②：憲政会）	○ 護憲三派内閣成立。婦人参政権獲得期成同盟会結成。
1925		○ [日ソ基本条約] 調印。 ○ [治安維持法] 公布。○ [普通選挙法] 公布。 ○ 立憲政友会が革新倶楽部を吸収し政権離脱。
1926	若槻礼次郎① （憲政会）	○ 大正天皇死去。昭和天皇即位。昭和に改元。

第2次山本権兵衛内閣　非政党内閣

[関東大震災]	○ 死者・行方不明者10万人以上の大震災。これにより震災恐慌へ。 流言などもあり，多数の [朝鮮人]・中国人らを自警団が殺害。
[亀戸事件]	○ 震災の混乱時，警察署で労働運動家10名を軍人が殺害。
[甘粕事件]	○ 震災の混乱時，憲兵隊本部で憲兵大尉の [甘粕正彦] が無政府主義者の [大杉栄]，内縁の妻 [伊藤野枝] らを殺害。
[虎の門事件]	○ 摂政の裕仁親王（のちの昭和天皇）が虎の門付近で無政府主義者の [難波大助] に狙撃される暗殺未遂事件。これで内閣総辞職。

清浦奎吾内閣　非政党内閣

第二次護憲運動	○ [立憲政友会]（総裁：[高橋是清]）・[憲政会]（総裁：[加藤高明]）・[革新倶楽部]（代表：[犬養毅]）で護憲三派を形成。 ○ 普選断行・貴族院改革などを主張し，政党内閣をめざす。 ○ 内閣は [政友本党] を味方に総選挙を実施するが，護憲三派勝利。

第1次・第2次加藤高明内閣　政党内閣

護憲三派連立内閣	○ のち立憲政友会が革新倶楽部吸収して離脱。[憲政会] 単独与党に。
[日ソ基本条約]	○ ソ連と国交樹立。外相 [幣原喜重郎]。
[治安維持法]	○ [国体] の変革・[私有財産制度] の否認を目的とする結社を処罰。
[普通選挙法]	○ 満25歳以上の男性に選挙権を認める。納税資格撤廃。女性は除外。

5分で流れをチェック

新聞発行部数が上昇し，総合雑誌『**改造**』が発行された。[01]が『**赤い鳥**』を刊行し，大日本雄弁会講談社の『[02]』も大人気だった。『現代日本文学全集』など1冊1円の[03]も刊行された。[04]も1925年に東京・大阪・名古屋で開始された。[05]は弁士の解説による無声映画で，1930年代に有声映画の[06]も上映された。……………

俸給生活者（サラリーマン）だけでなく，タイピストや電話交換手などの職業婦人も増えた。流行の洋装をした女性の[07]（男性は[08]）も現れた。私鉄経営駅にターミナルデパート，東京・大阪で**地下鉄**，1円均一の円タクも登場した。……………

『**東洋経済新報**』の記者[09]が植民地放棄と平和的な経済発展の小日本主義を主張した。[10]の『**貧乏物語**』も『大阪朝日新聞』に連載された。哲学では『善の研究』の[11]，歴史学では『神代史の研究』がのちに発禁となった[12]などがおり，『遠野物語』の[13]は民間伝承や常民の生活史を研究して[14]を確立した。物理学ではKS磁石鋼を発明した[15]，医学では黄熱病研究の[16]が活躍した。……………

文学では，人道主義や理想主義の白樺派で，『その妹』の[17]，『暗夜行路』の[18]，『或る女』の[19]がいた。官能的な美をめざす耽美派で，『腕くらべ』の[20]，『痴人の愛』の[21]がいた。現実を新視点から見直す新思潮派で，『**羅生門**』の[22]，『恩讐の彼方に』の[23]がいた。大衆文学で『**大菩薩峠**』の[24]や，吉川英治，江戸川乱歩も活躍した。労働者を描いたプロレタリア文学では，『**蟹工船**』の[25]，『**太陽のない街**』の[26]が活躍し，『種蒔く人』や『**戦旗**』も創刊された。[27]は詩集『道程』，彫刻「手」を残している。……………

演劇では，小山内薫・土方与志らが[28]を設立した。美術では，洋画団体の[29]が1914年に設立され，「金蓉」の[30]，岸田劉生，梅原龍三郎が活躍した。日本画では日本美術院を再興した[31]がいた。……………

重要語句

01 鈴木三重吉
02 キング
03 円本
04 ラジオ放送
05 活動写真
06 トーキー
07 モガ（モダンガール）
08 モボ（モダンボーイ）
09 石橋湛山
10 河上肇
11 西田幾多郎
12 津田左右吉
13 柳田国男
14 民俗学
15 本多光太郎
16 野口英世
17 武者小路実篤
18 志賀直哉
19 有島武郎
20 永井荷風
21 谷崎潤一郎
22 芥川龍之介
23 菊池寛
24 中里介山
25 小林多喜二
26 徳永直
27 高村光太郎
28 築地小劇場
29 二科会
30 安井曽太郎
31 横山大観

大正期の文化のまとめ

大衆文化		○『[赤い鳥]』…鈴木三重吉による児童雑誌。
		○『[キング]』…大日本雄弁会講談社が創刊した大衆雑誌。発行部数100万部超。
		○ [円本]…1冊1円の書籍。『現代日本文学全集』など。
		○ [ラジオ放送]…1925年に東京・大阪・名古屋で開始。日本放送協会（NHK）翌年設立。
		○ [活動写真]…弁士の解説による無声映画。1930年代に有声映画の [トーキー] 上映。
生活	衣服	○ 流行の洋装をした女性は [モガ]，男性は [モボ]。
	食事・住居	○ 洋食が普及。○ 俸給生活者向けの和様折衷な [文化住宅]。電灯普及。
	交通	○ 東京・大阪で [地下鉄] 開業。バスや東京市内1円均一の [円タク] 登場。
思想・学問	小日本主義	○ [石橋湛山]…『東洋経済新報』記者。のち首相。植民地放棄と平和的な経済発展を主張。[青島] の権益獲得時に社説掲載。
	経済学	○ [河上肇]…『[貧乏物語]』。マルクス経済学を研究。
	哲学	○ [西田幾多郎]…『善の研究』。独自の西田哲学を創始。
	歴史学	○ [津田左右吉]…『古事記』など研究。『神代史の研究』がのち発禁。
	[民俗学]	○ [柳田国男]…『遠野物語』。民間伝承や常民研究。[民俗学] 確立。
	物理学	○ [本多光太郎]…KS磁石鋼発明。KSは援助者住友吉左衛門の頭文字。
	医学	○ [野口英世]…黄熱病研究。研究中にアフリカで病死。
文学	白樺派	○ [武者小路実篤]…『その妹』。白樺派の理論指導者。
		○ [志賀直哉]…『暗夜行路』，『和解』，『城の崎にて』。
		○ [有島武郎]…『或る女』，『カインの末裔』。
	耽美派	○ [永井荷風]…『腕くらべ』。耽美派の代表作家。
		○ [谷崎潤一郎]…『痴人の愛』，『刺青』。
	新思潮派	○ [芥川龍之介]…『[羅生門]』，『鼻』，『河童』。
		○ [菊池寛]…『恩讐の彼方に』，『父帰る』。
	大衆文学	○ [中里介山]…『[大菩薩峠]』。幕末が舞台の時代小説。
	プロレタリア文学	○ [小林多喜二]…『[蟹工船]』。『戦旗』で連載。
		○ [徳永直]…『[太陽のない街]』。『戦旗』で連載。
	自由詩	○ [高村光太郎]…詩集『道程』。彫刻作品に「手」。
美術・芸能	団体	○ 文展に対し，日本美術院を [横山大観] が再興，洋画で [二科会] 設立。
	作品	○ [安井曽太郎]「金蓉」，岸田劉生「麗子微笑」，[横山大観]「生々流転」など。
	演劇	○ [小山内薫]・土方与志らの [築地小劇場] が新劇運動の拠点。

✅ | 重要語句

◉ 関東大震災による［ 01 ］が発生し，1927年に議会で第1次［ 02 ］内閣（憲政会）の蔵相［ 03 ］の失言から銀行の**取付け騒ぎ**が発生し，［ 04 ］が発生した。［ 02 ］内閣は**鈴木商店**の巨額な不良債権のある［ 05 ］の救済をはかったが，枢密院に否決され，退陣した。次の［ 06 ］内閣（立憲政友会）は銀行の支払いを一時停止する［ 07 ］で対処した。銀行が整理されて**五大銀行**（［ 08 ］）が形成された。…………

◉ 1928年に普通選挙が実施されて無産政党員8名が当選したが，共産党員が一斉検挙され（［ 09 ］），翌年にも同様の事件がおこった（［ 10 ］）。政府は［ 11 ］を改正して最高刑を無期・死刑に変更，全国にも［ 12 ］を設置した。…………

◉ 欧米とは1928年にパリで［ 13 ］に調印する協調外交を展開したが，**蔣介石**の国民革命軍が**北伐**を実施中の中国に対しては，1927年に［ 14 ］を開催し，積極外交の方針を決定した。同年から翌年に3度の［ 15 ］をおこない，第2次［ 15 ］時には国民革命軍と衝突する［ 16 ］がおこった。日本が支援した満州軍閥の［ 17 ］が国民革命軍に敗北すると，**関東軍**は奉天郊外で［ 17 ］を独断で殺害する［ 18 ］をおこした。この事件の処理をめぐって［ 06 ］内閣は退陣した。［ 17 ］の子の［ 19 ］は国民政府に合流し，中国はほぼ統一された。……

◉ 次の［ 20 ］内閣（立憲民政党）は［ 21 ］蔵相により緊縮財政を実施し，1917年からの**金輸出禁止**を改め［ 22 ］を実施した。ところが世界は［ 23 ］の最中で，［ 24 ］となった。1931年にはカルテル助成の［ 25 ］を出した。東北では**農業恐慌**となり，欠食児童や女子の身売りが多発した。…………

◉ 外交では［ 26 ］外相により協調外交がとられ，1930年に［ 27 ］会議が開催された（日本主席全権：［ 02 ］）。主力艦建造禁止の5年延長と，［ 28 ］総トン数をほぼ米・英・日＝10:10:7とした［ 27 ］条約が結ばれたが，海軍軍令部などは，政府が兵力量を決定するのは［ 29 ］だと非難した。［ 27 ］条約は批准されたが，［ 20 ］首相は狙撃されて退陣した。…

	重要語句
01	震災恐慌
02	若槻礼次郎
03	片岡直温
04	金融恐慌
05	台湾銀行
06	田中義一
07	モラトリアム（支払猶予令）
08	三井・三菱・住友・安田・第一
09	三・一五事件
10	四・一六事件
11	治安維持法
12	特別高等警察（特高）
13	不戦条約
14	東方会議
15	山東出兵
16	済南事件
17	張作霖
18	満州某重大事件（張作霖爆殺事件）
19	張学良
20	浜口雄幸
21	井上準之助
22	金輸出解禁（金解禁）
23	世界恐慌
24	昭和恐慌
25	重要産業統制法
26	幣原喜重郎
27	ロンドン海軍軍縮
28	補助艦
29	統帥権干犯

金融恐慌〜昭和恐慌の時期のまとめ

年	内閣	おもなできごと
1927	若槻礼次郎① (憲政会)	○ 蔵相 [片岡直温] 失言➡銀行の取付け騒ぎ発生➡ [金融恐慌]。 [台湾銀行] の救済を [枢密院] が否決➡退陣。
1927	田中義一 (立憲政友会)	○ [モラトリアム (支払猶予令)] 発令➡金融恐慌は鎮静化。 ○ 3度の [山東出兵] 開始 (翌年まで)。 ○ [東方会議] 開催。
1928	田中義一 (立憲政友会)	○ 普通選挙で無産政党員8名当選。 ○ 三・一五事件。○ [治安維持法] 改正。 ○ 第2次 [山東出兵] で [済南事件] 発生。 ○ [張作霖爆殺事件] (満州某重大事件) 発生➡翌年退陣。 ○ パリで [不戦条約] 調印 (自衛権など否定されず)。
1929	浜口雄幸 (立憲民政党)	○ 四・一六事件。
1929	浜口雄幸 (立憲民政党)	○ ニューヨークウォール街での株価暴落から [世界恐慌] 発生。
1930	浜口雄幸 (立憲民政党)	○ [金輸出解禁 (金解禁)] (蔵相 [井上準之助]) ➡昭和恐慌。 ○ [ロンドン海軍軍縮条約] 調印➡ [統帥権干犯問題]。
1931	浜口雄幸 (立憲民政党)	○ 三月事件 (クーデタ未遂)。 ○ [重要産業統制法] 公布。

田中義一内閣の中国政策

3度の [山東出兵]	○ 北伐に干渉。居留民保護が名目で，3度にわたる。第2次山東出兵で [済南事件]。
[張作霖爆殺事件] (満州某重大事件)	○ 満州軍閥 [張作霖] を [奉天] 郊外で [関東軍] が独断で殺害。事件を公表・厳重処分せず，これをめぐって天皇が首相を叱責，内閣退陣。 ○ 中国では張作霖の子，[張学良] が国民政府に合流し中国統一。

浜口雄幸内閣の政策

[金輸出解禁 (金解禁)]	○ 1917年からの金輸出禁止を解除し，[金本位制] 復帰。 ○ [世界恐慌] の影響で [昭和恐慌] 発生。 ○ [重要産業統制法] で経済統制。
[ロンドン海軍軍縮条約]	○ 主力艦建造禁止5年延長，[補助艦] 総トン数をほぼ米・英・日=10:10:7とする。 ➡海軍軍令部の反対の中で調印したが，政府が兵力量を決定するのは [統帥権干犯] だと非難される。

蔵相 [井上準之助]・外相 [幣原喜重郎]

75 軍部の台頭

◎ **関東軍は石原莞爾**を中心に奉天郊外で[01]をおこし，[02]となった。第2次[03]内閣（立憲民政党）は不拡大方針をとったが，関東軍は戦線を拡大し，内閣は退陣に追いこまれた。次の[04]内閣（立憲政友会）の[05]蔵相は[06]を実施，金兌換を停止して，政府が銀行券発行額を管理する[07]となった。中国では[08]がおこり，満州では関東軍が[09]（[10]が執政，のち皇帝）を建国させた。1932年には[11]で前蔵相[12]と三井合名会社理事長[13]が暗殺された。そして海軍青年将校により[14]がおこり[04]首相が暗殺された。⋯⋯⋯⋯⋯

◎ [15]内閣は[16]により[09]を承認したが，[17]の調査により[09]は傀儡国家とされ，その承認の撤回勧告を1933年に国際連盟は採択した。日本全権[18]は総会を退場，日本は国際連盟脱退を通告した。弾圧などで**転向**する社会主義者が発生する中，自由主義的学問でも京都帝国大学教授[19]が休職処分となる**滝川事件**もおこった。⋯⋯

◎ 日本は円安で輸出を拡大，綿織物はイギリスを超え世界1位規模となり，不当に安く輸出する[20]だと列国から非難された。1933年頃には世界恐慌以前の生産水準となった。[21]の**日産**や，[22]の**日窒**など**新興財閥**も登場した。⋯⋯

◎ 1935年に美濃部達吉の[23]が反国体的と非難され，[24]内閣は[23]を否認する[25]を出した。陸軍内部では軍部政権樹立・天皇親政をめざす[26]と，合法的に総力戦体制樹立をめざす[27]が対立していた。1936年に『**日本改造法案大綱**』の[28]に影響された[26]青年将校が，内大臣[15]，蔵相[05]，教育総監**渡辺錠太郎**らを殺害する[29]がおこったが，天皇の指示で反乱軍とされて鎮圧された。以降は[27]が陸軍の主導権を握った。⋯⋯

◎ [30]内閣では，[31]の現役規定が復活し，ドイツとの間で[32]が結ばれた。次の林銑十郎内閣は軍財抱合をはかったが，短命に終わった。⋯⋯⋯⋯⋯⋯⋯⋯

軍部台頭の時期のまとめ

年	内閣	おもなできごと
1931	若槻礼次郎② (立憲民政党)	○ 関東軍により [柳条湖事件] 発生 ➡ [満州事変] に発展。 ○ 十月事件 (クーデタ未遂)。
1932	犬養毅 (立憲政友会)	○ [金輸出再禁止] (蔵相：[高橋是清]) ➡ [管理通貨制度] に。 ○ 中国で [第1次上海事変]。○ 満州で関東軍が [満州国] を建国。 ○ [血盟団事件] ([井上準之助] と [団琢磨] が暗殺)。 ○ [五・一五事件] で [犬養毅] 首相暗殺 ➡ 憲政の常道終了。
1932	斎藤実	○ [日満議定書] で満州国承認。
1933	斎藤実	○ 国際連盟で満州国承認を撤回する要求勧告採択。
1935	岡田啓介	○ 天皇機関説問題 ➡ [国体明徴声明] で天皇機関説否定。
1936	岡田啓介	○ [二・二六事件] 発生 (蔵相 [高橋是清] ら殺害) ➡ 退陣。
1936	広田弘毅	○ [軍部大臣現役武官制] の現役規定が復活。 ○ [日独防共協定] 締結。
1937	林銑十郎	○ 軍財抱合をはかるが内閣短命。

満州事変の流れ

[満州事変]	○ [関東軍] は [石原莞爾] 中心に [奉天] 郊外で南満州鉄道線路を爆破する [柳条湖事件] をおこす。これを中国軍の行為として軍事行動。 ○ 関東軍が [満州国] を建国させる。執政 (のち皇帝)…[溥儀]。 ○ 日中両軍は1933年に [塘沽停戦協定] を結び停戦。
[日満議定書]	○ [斎藤実] 内閣は満州国を承認。国として満州経営を開始。
[国際連盟] 脱退	○ [リットン調査団] の調査結果で満州国の承認撤回を日本に要求勧告。 ○ 日本全権 [松岡洋右] は総会退場。国際連盟脱退を通告。

クーデタ・テロ事件

[三月事件]	○ 橋本欣五郎ら桜会による。軍事政権樹立を狙う。未遂。
[十月事件]	○ 橋本欣五郎ら桜会による。満州事変を受けて軍部政権を構想。未遂。
[血盟団事件]	○ 井上日召ら血盟団による。[井上準之助] と [団琢磨] 暗殺。
[五・一五事件]	○ 海軍青年将校らによる。首相官邸で [犬養毅] 首相殺害。
[二・二六事件]	○ 陸軍 [皇道派] 青年将校らによる。内大臣 [斎藤実]，蔵相 [高橋是清]，教育総監 [渡辺錠太郎] ら殺害。鎮圧後は [統制派] が陸軍を主導。

5分で流れをチェック

重要語句

● 1937年に日独防共協定がイタリアを含めた [01] に発展した。1935年以降，華北を国民政府から分離させる [02] がおこなわれ，1936年に**張学良**が**蔣介石**に国共内戦停止と抗日を要求する [03] がおきた。………………………………

● 1937年に第1次 [04] 内閣が成立した直後，北京郊外で日中両軍が衝突する [05] がおきた。上海で [06] もおき，全面戦争の [07] となると，[08] で国民党と共産党は提携し，対抗した。日本の南京占領で，南京事件もおきた。国民政府は首都南京から漢口・**重慶**と西に退いて抗戦した。[04] 首相は1938年に第1次 [09]（[10]）を出し，第2次 [09] で [11] 建設を戦争目的とし，第3次 [09] で近衛三原則（[12]）を示した。1940年に [13] の親日傀儡政権が成立したが，国民政府は [14] で米英の援助により抗戦した。………………………………………………

● 1939年に日独提携の動きなどでアメリカに [15] の廃棄を通告された。1938年に [16]，1939年に [17] と日ソ両軍が衝突したが，提携中のドイツが [18] を締結し，[19] 内閣は，欧州情勢は複雑怪奇とし，退陣した。ドイツのポーランド侵攻で英・仏はドイツに宣戦して [20] となったが，[21] 内閣は不介入方針で，[22] 内閣も同様だった。[04] は総力戦体制のため一国一党の [23] を提唱した。………

● 第2次 [04] 内閣が成立し，[24] に進駐，軍事同盟の [25] を結んだ。対してアメリカは航空機用ガソリンや屑鉄を対日禁輸とした。外相 [26] はソ連と [27] を結んだが，独ソ戦争が開始された。日本は対ソ戦に備えて [28] を名目に満州に兵力を結集させたが，南進が決定し対ソ戦は中止された。日米交渉が駐米大使 [29] と米国務長官 [30] によりなされ，日米交渉に反対の外相 [26] を除くために第2次 [04] 内閣は総辞職した。国内では**隣組**などを下部組織とする [31] が結成された。………

● 戦時下の文化ではプロレタリア文学は弾圧され，転向文学が著され，[32] の『**麦と兵隊**』などの戦争文学が人気だった。[33] の『**生きてゐる兵隊**』は発禁となった。………

日中戦争～第二次世界大戦の時期のまとめ

年	内閣	おもなできごと
1937	近衛文麿①	○ 北京郊外で［盧溝橋事件］発生。上海で［第2次上海事変］発生。 　➡宣戦布告のない全面戦争の［日中戦争］に。 ○ ソ連を仮想敵国とする［日独伊三国防共協定］締結。
1938		○ 第1～3次［近衛声明］。　○ 国家総動員法公布。 ○［張鼓峰事件］発生（ソ連と衝突）。
1939	平沼騏一郎	○［ノモンハン事件］発生（ソ連と衝突）。 ○ アメリカが［日米通商航海条約］の廃棄通告。 ○［独ソ不可侵条約］締結で，欧州情勢は複雑怪奇として退陣。
	阿部信行	○ 独のポーランド侵攻に英仏が宣戦布告し［第二次世界大戦］へ。
1940	米内光政	○ 傀儡の［汪兆銘］政権が南京に成立。 ○ 近衛文麿の［新体制運動］開始。
	近衛文麿②	○［北部仏印］進駐➡アメリカ…航空機用ガソリン・屑鉄を対日禁輸。 ○［日独伊三国同盟］締結。　○ 大政翼賛会発足。
1941		○［日ソ中立条約］締結。　○ 日米交渉開始（日米戦争回避めざす）。 ○ 独ソ戦開始。日本は［関東軍特種演習］を名目に北進準備。 　➡南進が決定し，対ソ戦の北進中止。 ○ 対米強硬論者の外相［松岡洋右］を除くため内閣総辞職。

中国・ソ連との関係まとめ

対中国	［西安事件］	○［張学良］が［蔣介石］を監禁して国共内戦停止と抗日を要求。
	［日中戦争］	○ 北京郊外で［盧溝橋事件］，上海で［第2次上海事変］。 宣戦布告なく全面戦争。国民党と共産党が［第2次国共合作］形成。 南京占領。国民政府は［援蔣ルート］支援もあり重慶で抗戦。
	［第1次近衛声明］	○［国民政府を対手とせず］と声明。和平の可能性を断ち切る。
	［第2次近衛声明］	○ 戦争目的を日・満・華が連帯する［東亜新秩序］建設とした。
	［第3次近衛声明］	○［善隣友好・共同防共・経済提携］を呼びかけ。
	［汪兆銘］政権	○ 重慶から脱出して南京に政権樹立。日本の傀儡。
対ソ連	日ソ両軍衝突	○［張鼓峰事件］と［ノモンハン事件］で日本は大損害。
	［日ソ中立条約］	○ 外相［松岡洋右］。有効期間5年だが，1945年にソ連が破棄。
	［関東軍特種演習］	○ 独ソ戦開始により，満州に兵を集結し北進準備。➡北進中止。

🕐 | **5分で流れをチェック**

🌀 松岡洋右のいない第3次 [01] 内閣が成立したが，日本の [02] によりアメリカは対日資産凍結や対日石油禁輸を決定した。これに英・蘭も同調，軍部は経済封鎖の [03] だと主張した。首相は開戦派の陸相 [04] と対立して退陣した。……

🌀 1937年に戦時統制のための [05] が設置され，1938年に戦時に必要な物資などを議会の承認なく動員できる [06] が成立した。1939年には一般人を軍需産業に動員できる [07] が出された。公定価格制を実施する [08] も出され，翌年以降に生活必需品が**切符制**や**配給制**となった。米は強制買上げの**供出制**となり，生産奨励で小作料も制限されたが食糧難となった。大陸政策を批判した [09] 教授が大学を追われ，**大内兵衛**らが検挙される [10] もおこった。……

🌀 [04] 内閣は日米交渉を継続したが，満州事変以前の状態への復帰を要求する [11] が提案された。日本は御前会議で開戦を決定し，陸軍は英領 [12]，海軍はハワイ [13] を奇襲して [14] となった。日本は [15] 建設を名目に戦線を拡大した。1942年に内閣は [16] という総選挙を実施し，政治結社 [17] が結成された。……

🌀 1942年，[18] で日本は大敗し，翌年にはガダルカナル島からも撤退した。占領地の代表者らを集めて [19] が開催されたが，占領地では抗日運動がおこった。1943年からは日本でも学生を徴兵する [20] や，**女子挺身隊**などを軍需工場で労働させる [21] がなされた。1944年には [22] 陥落で [04] 内閣は退陣，[23] 内閣が成立した。[22] 陥落により**本土空襲**が本格化し，**学童**疎開が始まった。……

🌀 1943年に米英中による [24] で日本領土の処遇が決められ，1945年2月の米英ソによる [25] で，ソ連の対日参戦などが決まった。同年7月，無条件降伏を米英中の名で日本へ勧告する [26] が出された。アメリカは広島と長崎に [27] を投下したのと前後してソ連が満州や樺太などに侵攻すると，政府は [26] を受諾した。……

☑️ | **重要語句**

01 近衛文麿
02 南部仏印進駐
03 ABCD包囲陣
04 東条英機
05 企画院
06 国家総動員法
07 国民徴用令
08 価格等統制令
09 矢内原忠雄
10 人民戦線事件
11 ハル＝ノート
12 マレー半島
13 真珠湾
14 太平洋戦争
15 大東亜共栄圏
16 翼賛選挙
17 翼賛政治会
18 ミッドウェー海戦
19 大東亜会議
20 学徒出陣
21 勤労動員
22 サイパン島
23 小磯国昭
24 カイロ宣言
25 ヤルタ会談
26 ポツダム宣言
27 原子爆弾

太平洋戦争の時期のまとめ

年	内閣	おもなできごと
1941	近衛文麿③	○ [南部仏印進駐] 実施 ➡ 米，対日資産凍結や対日石油禁輸。 ○ 日米交渉で陸相 [東条英機] と対立し退陣。
	東条英機	○ 日米交渉で米は [ハル=ノート] 提案。➡ 日本は開戦決定。 ○ [太平洋戦争] 開始…陸軍は [マレー半島]，海軍は [真珠湾] 奇襲。
1942	東条英機	○ [大東亜共栄圏] 建設を名目とし，東南アジア中心に戦線拡大。 ○ [翼賛選挙] 実施。翼賛議員で [翼賛政治会] 結成。 ○ [ミッドウェー海戦] で空母4隻喪失して大敗北，以後劣勢へ。
1943		○ イタリア降伏。 ○ 占領地代表者（汪兆銘政権など）を集結し [大東亜会議] 実施。 ○ 米英中で [カイロ宣言] 発表…戦後の日本領土の処遇を決定。
1944		○ [サイパン島] 陥落 ➡ 内閣退陣。以後，本土空襲本格化。
1945	小磯国昭	○ 東京で [東京大空襲]。　○ [沖縄戦] 開始。
	鈴木貫太郎	○ 米英ソで [ヤルタ（秘密）協定] 締結。 ○ ドイツ降伏。米英ソ会談，米英中の名で [ポツダム宣言] 発表。 ○ [広島・長崎] に原子爆弾投下。　○ 中立条約破棄して [ソ連] 参戦。 ○ [ポツダム宣言] 受諾決定。天皇の玉音放送。内閣総辞職。

太平洋戦争前・戦時中の外国の動き

[ABCD包囲陣]	○ 対日経済包囲。A：米，B：英，C：中，D：蘭。
[ハル=ノート]	○ 中国・仏印撤退や満州国否認など満州事変以前へ復帰要求。
[カイロ会談] 実施・ [カイロ宣言] 発表	○ アメリカ：[ローズヴェルト]，イギリス：[チャーチル]，中国：[蔣介石] が会談。満州・台湾の中国返還や朝鮮独立など決定。
[ヤルタ会談] 実施・ [ヤルタ（秘密）協定] 締結	○ アメリカ：[ローズヴェルト]，イギリス：[チャーチル]，ソ連：[スターリン] が会談。ドイツ戦後処理など討議。ソ連の対日参戦や千島・樺太のソ連領有承認など対日秘密協定を結ぶ。
[ポツダム会談] 実施・ [ポツダム宣言] 発表	○ アメリカ：[トルーマン]，イギリス：[チャーチル，のちアトリー]，ソ連：[スターリン] が会談。欧州戦後処理など討議。アメリカ・イギリス・中国の名で日本に無条件降伏勧告。

日中戦争以降の戦時下統制

[国家総動員法]	○ 戦時の労働力や物資運用を議会審議なしで統制可能に。
[国民徴用令]	○ 国家総動員法による。国民を強制的に軍需産業に動員。
[価格等統制令]	○ 国家総動員法による。値上げを禁止して公定価格制実施。
思想弾圧	○ 大陸政策批判の [矢内原忠雄] 大学追放。左翼弾圧の [人民戦線事件]。
国民生活	○ 国民精神総動員運動を展開。生活品は配給制・切符制。米は供出制。

MY MEMO

KEYWORD

自分がまちがえやすい用語をメモしておこう！

戦後〜現代

🔴 [01] 内閣は米軍艦ミズーリで降伏文書に調印した。対日占領政策決定の最高機関として [02] が設立され，[03] をトップとする [04] の指令を日本政府が実施するという**間接統治**がとられた。東京には最高司令官の諮問機関の [05] も設立された。次の [06] 内閣に [03] は**五大改革**などを指示した。戦争指導者らは [07] で裁かれたが，天皇制は温存され昭和天皇は [08] をおこなった。職業軍人などは [09] された。………………………………………………

🔴 財閥には，15財閥の資産凍結，その実施機関の [10] の設立，独占禁止法・[11]（分割実施11社）の制定がなされた。寄生地主制には，政府の第1次 [12] 案が不徹底とされ，[04] の勧告により [13] が出された。労働では，[14]（労働三権），[15]（争議調整），[16]（労働条件）が制定され，労組で右派の [17] と，左派の [18] が結成された。教育では**修身・日本歴史・地理**が一時授業禁止となり，義務教育9年の [19]，**六・三・三・四制**の [20] が制定され，地方自治体単位で [21] も設置された。…………

🔴 政党では [22] が合法的に活動し，**日本社会党，日本自由党**，日本進歩党なども設立された。選挙法改正で選挙資格が満20歳以上の男女となり，戦後初の総選挙では日本自由党が第一党を獲得し，[23] が第1次内閣を組織した。…

🔴 憲法改正では，[03] 草案を修正して政府原案とし，衆議院・貴族院で修正され，[24] が制定された。………………

🔴 食料不足で，都市民衆は買出しや**闇市**で生存をはかった。物不足と通貨増発によるインフレに対し，[06] 内閣は [25] を出したが効果は一時的だった。[23] 内閣は [26] で石炭・鉄鋼など基幹産業に資金を投下し，資金供給のために [27] も設立した。官公庁労働者中心の [28] は [04] により中止されたが，新憲法下での選挙で日本社会党が衆議院第一党となり，[29] が連立内閣を組織した。次の民主党総裁 [30] を首班とする連立内閣は [31] で退陣した。…

01 東久邇宮稔彦
02 極東委員会
03 マッカーサー
04 連合国軍最高司令官総司令部（GHQ）
05 対日理事会
06 幣原喜重郎
07 極東国際軍事裁判（東京裁判）
08 人間宣言
09 公職追放
10 持株会社整理委員会
11 過度経済力集中排除法
12 農地改革
13 自作農創設特別措置法
14 労働組合法
15 労働関係調整法
16 労働基準法
17 日本労働組合総同盟（総同盟）
18 全日本産業別労働組合会議（産別会議）
19 教育基本法
20 学校教育法
21 教育委員会
22 日本共産党
23 吉田茂
24 日本国憲法
25 金融緊急措置令
26 傾斜生産方式
27 復興金融金庫（復金）
28 二・一ゼネスト
29 片山哲
30 芦田均
31 昭和電工事件

占領期前半のまとめ

年	内閣	おもなできごと
1945	東久邇宮稔彦	○ 米戦艦［ミズーリ］号上で降伏文書調印。武装解除。 ○ GHQの人権指令（天皇批判などの自由）に対応できず退陣。
1945	幣原喜重郎	○［五大改革］の指示。○ 選挙法改正（［女性参政権］の実現）。 ○ 労働組合法公布（団結権・団体交渉権・争議権保障）。○ 第1次農地改革案。 ○ 天皇の人間宣言。○ 公職追放実施。○［金融緊急措置令］公布。
1946	吉田茂①	○ 労働関係調整法公布。○［自作農創設特別措置法］公布。 ○［日本国憲法］（公布は11月3日、施行は翌年5月3日）。 ○［傾斜生産方式］の採用。 ○［復興金融金庫］設立。○［二・一（に・いち）ゼネスト］中止。 ○ 教育基本法、学校教育法、労働基準法、独占禁止法公布。
1947	片山哲	○［日本社会党］（第1党）・民主党・国民協同党連立内閣。 ○［過度経済力集中排除法］公布。
1948	芦田均	○ 片山内閣と同様の構成の連立内閣（首相は民主党）。 ○ 政令201号公布。○［昭和電工事件］で退陣。

五大改革指令

女性参政権の付与	○ 対応…選挙法改正で満［20］歳以上の［男女］に選挙権付与。
労働組合の結成奨励	○ 対応…［労働基準法・労働組合法・労働関係調整法］制定。
教育の自由主義化	○ 対応…［教育基本法・学校教育法］制定、［教育委員会］設置。
秘密警察などの廃止	○ 対応…［治安維持法・特高］廃止。政治犯釈放。
経済機構の民主化	○ 対応…財閥解体・農地改革。

財閥解体

軍国主義の温床と判断。三井・三菱・住友・安田など15財閥の資産凍結。

財閥解体	○ 資産凍結した財閥の株式を［持株会社整理委員会］に譲渡し、売却。
市場独占予防	○［独占禁止法］…持株会社やカルテル・トラストの禁止。
巨大企業分割	○［過度経済力集中排除法］。指定325社だが、方針転換で実施11社。

占領期前半の経済

復員・引揚げ者で人口増加、物不足と通貨増発で［インフレ］。

［金融緊急措置令］	○ 預金封鎖の上、従来の旧円は流通禁止。新円切り換えし、引き出し制限もして貨幣流通量を減少させインフレに対処。効果一時的。
［傾斜生産方式］	○ 基幹産業の［石炭・鉄鋼］に資金投下。支援で［復興金融金庫］設立。

5分で流れをチェック

◎ 大戦後，**国際連合**が設立され，米ソが対立した。米のトルーマン大統領は［01］（ソ連封じ込め）を発表，［02］により西欧復興を援助した。西欧諸国との［03］も結成された。ソ連も原爆開発に成功し，東欧諸国との［04］が結成され，この対立は［05］と呼ばれた。中国では国民党が共産党に敗北し，台湾で［06］政府（**蔣介石**）を存続させた。共産党は［07］（**毛沢東**）を成立させた。朝鮮では北部に**金日成**（キムイルソン）の［08］，南部に**李承晩**の［09］が成立した。……

◎ 中国情勢により企業分割は緩和され，［10］により官公庁労働者は争議権を奪われ，［11］解除も進められた。第2次吉田茂内閣（民主自由党）はGHQに［12］を指令され，銀行家［13］による赤字を許容しない予算編成や1ドル＝360円の［14］の設定などの［15］を実施した。［16］による**直接税中心主義**などの税制改革もおこなわれた。深刻なデフレ不況となり労働運動が激化したが，国鉄総裁が怪死した［17］，無人電車が暴走した［18］，列車が脱線・転覆した［19］で嫌疑をかけられ，労働運動は打撃を受けた。……

◎ ［20］がおこり，［09］側に米軍が国連軍として参戦し，［08］側に中国人民義勇軍が参戦し，休戦協定が結ばれた。日本では［21］が設置され，共産主義者は［22］となった。労働運動でも反共の［23］が結成された。……

◎ 1951年に［24］が調印され，翌年に日本は主権を回復したが，沖縄などは米施政権下におかれた。同時に米軍の駐留を認めた［25］が結ばれ，翌年に基地提供や駐留費用分担などを定めた［26］も結ばれた。ソ連は［24］調印を拒否し，中国は［06］と［07］との代表権問題のため講和会議に招待されなかった。のちに［06］とは［27］が締結された。……

◎ 占領期に，［28］が1949年に日本人初の**ノーベル賞**を受賞した。**法隆寺金堂壁画**の焼損を機に［29］も制定された。並木路子の「［30］」が流行し，**美空ひばり**も登場した。文学では**太宰治**，映画では**黒澤明**が活躍した。……

重要語句

01 トルーマン＝ドクトリン
02 マーシャル＝プラン
03 北大西洋条約機構（NATO）
04 ワルシャワ条約機構
05 冷たい戦争（冷戦）
06 中華民国
07 中華人民共和国
08 朝鮮民主主義人民共和国（北朝鮮）
09 大韓民国（韓国）
10 政令201号
11 公職追放
12 経済安定九原則
13 ドッジ
14 単一為替レート
15 ドッジ＝ライン
16 シャウプ
17 下山事件
18 三鷹事件
19 松川事件
20 朝鮮戦争
21 警察予備隊
22 レッドパージ
23 日本労働組合総評議会（総評）
24 サンフランシスコ平和条約
25 日米安全保障条約（安保条約）
26 日米行政協定
27 日華平和条約
28 湯川秀樹
29 文化財保護法
30 リンゴの唄

占領期後半～独立回復の時期のまとめ

年	内閣	おもなできごと
1948		○ 極東国際軍事裁判判決（東条英機ら死刑。印バル判事は無罪主張）。 　［経済安定九原則］の実行指令。
1949		○ ［ドッジ=ライン］実施。［シャウプ］勧告。➡深刻なデフレ発生。 ○ 下山事件・三鷹事件・松川事件発生。 ○ ［法隆寺金堂壁画］焼損。［湯川秀樹］が日本人初のノーベル賞。
1950	吉田茂 ②～⑤	○ ［文化財保護法］公布。 ○ 北朝鮮・韓国間で［朝鮮戦争］開始。➡特需景気発生。 ○ ［警察予備隊］発足。共産党員追放の［レッドパージ］。
1951		○ 講和会議開催（［中華民国・中華人民共和国］は未招待）。 ○ ［サンフランシスコ平和条約］締結、（翌年日本主権回復。［ソ連］調印拒否）。 ○ ［日米安全保障条約］締結（米軍の日本駐留）。⎯ 米の日本［防衛義務］明記なし
1952		○ ［日米行政協定］締結（米軍駐留の基地提供・費用分担）。 ○ ［日華平和条約］締結（中華民国と講和）。
1953		○ 朝鮮戦争が休戦。米より［奄美諸島］返還。

占領期後半の経済

［ドッジ=ライン］	○ 赤字を許容しない予算編成。1ドル＝［360］円の単一為替レート。
［シャウプ］勧告	○ ［直接税］中心主義の税制改革。累進所得税制を推進。

POINT ［経済安定九原則］の具体策。2人の政策で［インフレ］→［デフレ］に。

朝鮮戦争

他国	○ 米が国連軍として韓国側支援。ソ連・中国人民義勇軍が北朝鮮側支援。
日本	○ ［警察予備隊］設置。旧軍人らの［公職追放］解除。共産党員を［レッドパージ］。

北朝鮮が北緯38度線をこえて韓国に侵攻。板門店で休戦協定。

占領期の文化のまとめ

学問	○ ［湯川秀樹］がノーベル物理学賞　○ 日本学術会議発足　○ 岩宿遺跡の発掘
美術	○ ［法隆寺金堂壁画］が焼損➡［文化財保護法］制定
歌謡曲	○ 並木路子の「［リンゴの唄］」が大流行　○ 美空ひばり
文学	○『斜陽』…［太宰治］　○『俘虜記』…［大岡昇平］　○『白痴』…坂口安吾
映画	○「羅生門」…［黒澤明］（ヴェネツィア国際映画祭金獅子賞）　○ 溝口健二

80 55年体制の成立と戦後の文化

5分で流れをチェック

米ソ対立が緩和（雪どけ）して，核実験に関する[01]や核拡散に関する[02]が調印された。第三勢力では中国の[03]とインドのネルーの会談で平和五原則が確認され，バンドンで開かれた[04]により平和十原則が決議された。……

皇居前広場でおこった[05]を機に，[06]が制定された。**海上警備隊**（のち**警備隊**）が設置され，警察予備隊は[07]に改組，自衛力拡大が義務とした[08]も締結された。そして[07]と警備隊を統合して[09]が発足した。自治体警察は廃止され，警察庁が各都道府県警察を一元的に管轄するようになり，教育委員会の公選制も任命制に変更された。この**逆コース**の動きに対し，石川県での[10]，東京都での[11]など米軍基地反対闘争がおこり，**原水爆禁止運動も**[12]を機に高揚した。……

自由党反吉田派により[13]が結成され，総裁[14]が内閣を組織した。左右に分裂していた[15]は1955年に統一され，[13]と自由党も大同団結して，**保守合同**とされる[16]（自民党）が結成された。議席数が保守勢力約3分の2，革新勢力約3分の1の体制が以後40年近く続き，これを[17]と呼ぶ。[14]内閣は自主外交をとなえ，[18]加盟を阻止していたソ連と1956年に[19]を調印して国交回復し，[18]加盟を実現した。[20]については今後にもちこされた。……

次の[21]内閣が退陣し，日米新時代をとなえる[22]内閣が成立し，1960年に[23]を結んだ。これにより米の**日本防衛義務**が明記され，極東での軍事行動の[24]も定められた。この時，社会党などからなる[25]や学生・市民らが[26]と呼ばれる巨大デモをおこなった。……

文学では『点と線』の[27]，『竜馬がゆく』の[28]らが活躍した。1953年に**テレビ放送**が開始され，本格的ストーリー漫画を創作した[29]は国産アニメーションも開拓した。学問では[30]，ついで[31]がノーベル賞を受賞した。アジア初となる[32]や，大阪での[33]が開催された。……

重要語句

01 部分的核実験禁止条約
02 核兵器拡散防止条約
03 周恩来
04 アジア=アフリカ会議（バンドン会議）
05 血のメーデー事件
06 破壊活動防止法
07 保安隊
08 MSA協定
09 自衛隊
10 内灘事件
11 砂川事件
12 第五福竜丸事件
13 日本民主党
14 鳩山一郎
15 日本社会党
16 自由民主党
17 55年体制
18 国際連合
19 日ソ共同宣言
20 北方領土問題
21 石橋湛山
22 岸信介
23 日米相互協力及び安全保障条約（新安保条約）
24 事前協議制
25 安保改定阻止国民会議
26 60年安保闘争
27 松本清張
28 司馬遼太郎
29 手塚治虫
30 朝永振一郎
31 江崎玲於奈
32 オリンピック東京大会
33 日本万国博覧会

182

🏳 55年体制の成立期のまとめ

年	内閣	おもなできごと
1952	吉田茂	○[血のメーデー事件]発生➡[破壊活動防止法]公布。
1954		○IMF（国際通貨基金）・世界銀行加盟。 ○[MSA協定]締結➡[自衛隊]発足。 〔アメリカの要求に対応。〕
1955	鳩山一郎 ①〜③	○GATT加盟。 ○[日本社会党]統一・保守合同で[自由民主党]結成。➡55年体制。
1956		○[日ソ共同宣言]調印（国交正常化，歯舞群島・色丹島返還約束）。 ○[国際連合]加盟。
	石橋湛山	○自由民主党総裁として組閣するが病気で退陣。
1960	岸信介 ①・②	○[60年安保闘争]発生。 ○[日米相互協力及び安全保障条約]締結。

55年体制　〔1993年までの自由民主党・日本社会党の保革対立体制。〕

[日本社会党]統一	○平和条約の批准問題で分裂していたが，改憲阻止で統一。
保守合同	○[日本民主党]と[自由党]合同。初代総裁[鳩山一郎]。

自主外交の鳩山一郎　〔ソ連との国交回復をめざす。〕

[日ソ共同宣言]	○鳩山一郎がモスクワで調印。ソ連と戦争状態終結，国交正常化。
[国際連合]加盟	○常任理事国の[ソ連]と国交正常化して加盟可能に。

日米新時代の岸信介　〔日米関係の対等化をめざす。〕

[60年安保闘争]	○安保改定阻止国民会議を中心に巨大デモ開催。
[日米相互協力及び 安全保障条約]	○自民党による単独強行採決で条約批准。条約発効後に内閣退陣。 米の[日本防衛義務]を明記。極東での軍事行動の[事前協議制]。

🏳 戦後の文化のまとめ

文学	○『点と線』…[松本清張]，『竜馬がゆく』…[司馬遼太郎]，大江健三郎など。
メディア	○1953年[テレビ放送]開始➡1960年カラー放送。 ○ラジオは1951年民間放送。
アニメ	○1963年に[手塚治虫]による国産アニメーション「鉄腕アトム」放送開始。
学問	○1965年に[朝永振一郎]，1973年に[江崎玲於奈]がノーベル物理学賞を受賞。

5分で流れをチェック

● ［ 01 ］内閣は**寛容と忍耐**をとなえて［ 02 ］をめざし，計画以上の経済成長を達成した。中華人民共和国と準政府間貿易の［ 03 ］の取決めもなされた。次の［ 04 ］内閣は韓国と［ 05 ］を結び，国交樹立した。1968年に［ 06 ］がアメリカから返還され，米施政権下の沖縄では祖国復帰運動が活発化し，1971年に［ 07 ］が結ばれ，翌年に沖縄の施政権が返還された。野党では民主社会党（のち民社党）や，創価学会が基盤の［ 08 ］も結成された。……………………

● ドッジ＝ラインで不況だった日本は，朝鮮戦争による［ 09 ］で好況となり，鉱工業生産は1951年に戦前の水準を回復した。独立回復後の日本は［ 10 ］，ついで［ 11 ］に加盟して国際経済の枠組みに復帰した。………………………

● 1955年〜57年に［ 12 ］と呼ばれる好景気となり，1956年度の経済白書では「［ 13 ］」と記された。1958年〜61年には［ 14 ］，1966年〜70年には［ 15 ］と呼ばれる好景気となった。1968年に資本主義国では世界第2位の国民総生産（GNP）を達成した。石炭から石油へのエネルギー革命もあり，安価な原油が成長を支えた。労働者賃金は上昇し，農業でも［ 16 ］が制定され，農家所得も増加した。貿易は重化学工業中心で，1960年代後半以降に貿易黒字となった。日本は国際収支を理由に輸入制限ができない［ 17 ］に移行し，国際収支を理由に為替管理ができない［ 18 ］にも移行，為替と資本の自由化を義務づける［ 19 ］にも加盟した。……

● **三種の神器**（［ 20 ］）や，**3C**ともいう新三種の神器（［ 21 ］）が普及した。食の洋風化で米の作付け面積を制限する［ 22 ］も進められた。名神・東名などの［ 23 ］が建設され，1964年には［ 24 ］が開通するなど交通網も整備された。…………

● 新潟県の［ 25 ］，三重県の［ 26 ］，富山県の［ 27 ］，熊本県の［ 28 ］の**四大公害訴訟**がおこった。これを受けて［ 29 ］が制定され，［ 30 ］も設立された。東京都の［ 31 ］知事など革新首長による［ 32 ］も成立した。………………

📢 高度経済成長時代のまとめ

年	内閣	おもなできごと
1961	池田勇人 ①〜③	○ [農業基本法] 公布。
1962		○ 中華人民共和国と準政府間貿易の [LT貿易] 取決め。
1963		○ [GATT11条国] に移行。
1964		○ [IMF8条国] に移行。　○ [OECD] に加盟。 ○ 東海道新幹線開通。　[オリンピック東京大会] 開催。
1965	佐藤栄作 ①〜③	○ [日韓基本条約] 締結 (韓国と国交樹立)。
1967		○ [公害対策基本法] 公布。　○ 非核三原則表明。
1968		○ 資本主義国で米につぐGNP世界第2位を達成。 ○ [小笠原諸島] の日本返還。
1969		○ 佐藤・ニクソン会談…核抜き・本土並みの沖縄返還合意。
1970		○ 大阪で [日本万国博覧会] 開催。
1971		○ [沖縄返還協定] 締結。　○ 環境庁設置。 ○ 米…金・ドル交換停止➡スミソニアン体制。
1972		○ [沖縄] の日本返還。

池田勇人の経済政策 ─〈開放経済体制への移行も推進。〉

[所得倍増政策]	○ 1960年代でGNPと1人当たり国民所得の倍増目標。➡1967年達成。
[LT貿易]	○ 日中間の準政府間貿易。交渉担当者の頭文字…L：廖承志・T：高碕達之助。

開放経済体制

[GATT11条国] 移行	○ 国際収支を理由に輸入制限ができない。
[IMF8条国] 移行	○ 国際収支を理由に為替管理ができない。
[OECD] 加盟	○ 為替と資本の自由化が義務化 (外資の受け入れ)。

佐藤栄作の外交

[日韓基本条約]	○ 韓国と国交樹立。1910年以前の条約・協定の無効化を確認。
領土返還	○ 米より [小笠原諸島] 返還 (1968)，[沖縄] 返還 (1972) を達成。

⊙ アメリカは［ 01 ］での支出などで［ 02 ］となった。1971年に米大統領［ 03 ］は［ 04 ］などの新経済政策を出した。10カ国蔵相会議により1ドル＝308円とする［ 05 ］となったが、1973年に［ 06 ］に移行した。また［ 03 ］大統領は1972年に中華人民共和国を訪問し、米中の和解をはかった。………

⊙ **日本列島改造論**を掲げた［ 07 ］が組閣し、［ 08 ］に調印して国交正常化を実現した。これにより台湾の中華民国とは断交となった。1973年の［ 09 ］で［ 10 ］が石油輸出を制限し原油価格も引き上げると［ 11 ］が到来した。これと、土地・株式への投機による地価暴騰もあって激しいインフレで**狂乱物価**が発生し、日用品の品不足もおこった。インフレのまま不況が続く［ 12 ］となり、1974年は戦後初のマイナス成長で**高度経済成長**も終焉した。［ 07 ］内閣も首相の政治資金金脈問題で退陣した。………

⊙ クリーンな政治を掲げる［ 13 ］内閣が成立した。1975年に米・英・日・仏・伊・独の首脳により［ 14 ］が開催された。［ 07 ］元首相が［ 15 ］の収賄容疑で逮捕され、自由民主党は総選挙で大敗、［ 13 ］内閣は退陣した。………

⊙ 次に［ 16 ］内閣が成立し、1978年に［ 17 ］を締結した。次の［ 18 ］内閣は、**イラン革命**を機におこった［ 19 ］に対応したが首相は急死した。次の［ 20 ］内閣は、土光敏夫ら中心に［ 21 ］を発足させた。………

⊙ ［ 11 ］や［ 19 ］を乗り切り安定成長となり、企業は省エネ、人員削減、工場・オフィスの自動化推進など［ 22 ］をおこない、ハイテク産業が生産を拡大した。日本は貿易黒字を拡大し、欧米諸国と［ 23 ］が生まれた。1980年代の自動車対米輸出の拡大など日米間でとくに深刻だった。一人当たり国民所得は［ 24 ］の影響もありアメリカを追い抜き、**経済大国**となった。1980年代には［ 25 ］の供与額も高まり、1989年に世界最大となった。国際化が進展し千葉県に［ 26 ］が開港、のちに大阪府に［ 27 ］も開港した。………

01 ベトナム戦争
02 ドル危機
03 ニクソン
04 金・ドル交換停止
05 スミソニアン体制
06 変動相場制
07 田中角栄
08 日中共同声明
09 第4次中東戦争
10 アラブ石油輸出国機構（OAPEC）
11 第1次石油危機
12 スタグフレーション
13 三木武夫
14 先進国首脳会議（サミット）
15 ロッキード事件
16 福田赳夫
17 日中平和友好条約
18 大平正芳
19 第2次石油危機
20 鈴木善幸
21 第2次臨時行政調査会（臨調）
22 減量経営
23 貿易摩擦
24 円高
25 政府開発援助（ODA）
26 新東京国際空港
27 関西国際空港

安定成長時代のまとめ

年	内閣	おもなできごと
1972	田中角栄①・②	○ [日中共同声明] により日中国交正常化。
1973		○ [変動相場制] に移行。 ○ [第4次中東戦争] 発生➡原油価格高騰で [第1次石油危機]。
1975	三木武夫	○第1回 [先進国首脳会議] 開催。
1976		○ [ロッキード事件] で田中角栄逮捕。
1978	福田赳夫	○ [日中平和友好条約] 締結。
1979	大平正芳①・②	○イラン革命により [第2次石油危機] 発生。
1981	鈴木善幸	○第2次臨時行政調査会（臨調）初会合。

IMF（ブレトン＝ウッズ）体制から変動相場制へ

1944 ～	○IMF（ブレトン＝ウッズ）体制…金と交換性をもつ基軸通貨 [ドル] と，各国通貨との交換比率を固定する [固定相場制] の体制。日本は1ドル＝ [360] 円（1949 ～）。
1971	○ [ドル危機]…米のベトナム戦争支出や，輸入増加による金準備の減少状態。 ○ [金・ドル交換停止]…ドル防衛を目的とした [ニクソン] 大統領の新経済政策の一部。
1971～73	○スミソニアン体制…10カ国蔵相会議で1ドル＝ [308] 円となる。
1973 ～	○ [変動相場制]…固定相場制を維持できず，日本や西欧諸国が移行。

石油危機

1973	○ [第4次中東戦争]…イスラエルとエジプト・シリアなどアラブ諸国間の戦争。アラブ石油輸出国機構（OAPEC）の石油戦略で原油価格上昇。 ○ [第1次石油危機]…原油を中東地域に依存していた日本は大打撃。国内の [狂乱物価] もあり日本経済はスタグフレーション。[高度経済成長] は終了。
1979	○ [イラン革命]…イランでホメイニ師が権力掌握。イラン・イラク戦争に発展。 ○ [第2次石油危機]…イラン革命での産油諸国による原油価格引き上げ。

中国外交

1972	○ [日中共同声明]… [田中角栄] 内閣。米中接近により，戦争状態を終了させ日中国交正常化。台湾の中華民国との [日華平和条約] は失効。
1978	○ [日中平和友好条約]… [福田赳夫] 内閣。日中共同声明にもとづく条約。

5分で流れをチェック

● 戦後政治の総決算をとなえた［01］内閣は，行財政改革を実施し，NTTとなる［02］，JTとなる［03］，JRとなる［04］の民営化をおこなった。年金など社会保障は後退し，日米関係の緊密化や防衛費増額がはかられた。⋯⋯⋯⋯⋯

● 1985年にはドル高の是正がはかられ，米・英・日・仏・独の［05］（翌年からは伊・カナダも参加したG7として開催）により［06］が結ばれた。この合意により円高となり，円高不況となったが，内需拡大政策，企業の経営合理化などによる内需景気で景気は回復した。さらに株価・地価が急騰し，［07］と呼ばれる実態のない経済膨張が発生した。長時間労働による［08］が社会問題とされる中，労働組合の再編が進み，［09］が結成された。［10］内閣で間接税の［11］3％が導入された。⋯⋯⋯⋯⋯⋯⋯⋯⋯⋯⋯⋯⋯⋯

● 対米貿易の黒字が増加したため，日本はアメリカから農産物の輸入自由化を要求された。日本は1988年に［12］を決定し，1993年には米市場の部分開放も決定した。⋯⋯⋯⋯

● 1979年にソ連の［13］により**新冷戦**が始まった。アメリカ（レーガン大統領）は財政と国際収支で［14］となった。ソ連では［15］が**ペレストロイカ**を進め対米関係を改善させ，米ソは［16］を1987年に結び，1989年に**マルタ島会談**で［17］を宣言した。その後，東西ドイツは統一し，ソ連も解体した。⋯⋯⋯⋯⋯⋯⋯⋯⋯⋯⋯⋯⋯⋯⋯⋯

● 1989年に昭和天皇が死去，明仁皇太子が即位して元号が［18］となった。［19］の疑惑や増税で［10］内閣が退陣し，次の［20］内閣は短命であった。次の［21］内閣の時，クウェートに侵攻したイラクに［22］（米軍など）が国連決議により武力制裁をおこなう［23］が発生した。日本は戦後ペルシア湾に海上自衛隊を派遣した。［24］内閣では自衛隊の［25］での海外派遣を可能とする［26］が制定された。［27］などの汚職事件があり，総選挙で自民党は敗北した。共産党以外の非自民の8党派連立政権が誕生し，［28］の［29］が首相となり，［30］は崩壊した。⋯⋯⋯⋯⋯⋯

重要語句

01 中曽根康弘
02 電電公社
03 専売公社
04 国鉄
05 5カ国蔵相・中央銀行総裁会議（G5）
06 プラザ合意
07 バブル経済
08 過労死
09 日本労働組合総連合会（連合）
10 竹下登
11 消費税
12 牛肉・オレンジの輸入自由化
13 アフガニスタン侵攻
14 双子の赤字
15 ゴルバチョフ
16 中距離核戦力（INF）全廃条約
17 冷戦の終結
18 平成
19 リクルート事件
20 宇野宗佑
21 海部俊樹
22 多国籍軍
23 湾岸戦争
24 宮沢喜一
25 国連平和維持活動（PKO）
26 PKO協力法
27 佐川急便事件
28 日本新党
29 細川護熙
30 55年体制

55年体制の崩壊までのまとめ

年	内閣	おもなできごと
1985	中曽根康弘 ①〜③	○ 民営化…[電電公社] ➡NTTに, [専売公社] ➡JTに。 ○ 5カ国蔵相・中央銀行総裁会議 (G5) で [プラザ合意]。
1986		○ [バブル経済] 開始。
1987		○ 民営化…[国鉄] ➡JRに。
1988	竹下登	○ 米ソ…中距離核戦力 (INF) 全廃条約締結。 ○ [牛肉・オレンジ] の輸入自由化決定 (実施は1991年)。 ○ [リクルート事件] 発生➡翌年退陣。
1989		○ 昭和天皇が死去, 明仁皇太子が即位。[平成] に改元。 ○ 間接税の [消費税] が [3]％で導入。― シャウプ以来の大改革
1989	宇野宗佑	○ 中国…天安門事件発生。
1990	海部俊樹 ①・②	○ 総評が解体し 日本労働組合総連合会 (連合) (1987年発足) に合流。 ○ 米ソ…[マルタ島] 会談で [冷戦の終結] 宣言。 ○ 独…東ドイツ・西ドイツ統一。 ○ バブル経済終了➡ [平成不況] に。
1991		○ [湾岸戦争] ➡戦後, ペルシア湾に海上自衛隊の掃海部隊を派遣。
1992	宮沢喜一	○ ソ連解体➡ロシア共和国中心に独立国家共同体 (CIS) 結成。 ○ [PKO協力法] 公布。[佐川急便事件] 発生➡翌年退陣。
1993	細川護熙	○ 非自民8党派連立政権の誕生➡ [55年体制] 崩壊。

経済情勢

[プラザ合意]	○ [5カ国蔵相・中央銀行総裁会議 (G5)] により合意。[ドル高] 是正。 ➡急速に円高となり円高不況になるが, 内需主導で景気回復。
[バブル経済]	○ 低金利・金余りにより株価・地価が急騰, 実態のない経済膨張。

政権交代

汚職事件	○ 竹下登内閣で [リクルート事件] ○ 宮沢喜一内閣で [佐川急便事件]
55年体制崩壊	○ [共産党] 以外の非自民8党派 ([日本新党]・日本社会党・新生党・公明党・新党さきがけ・民社党など) の連立政権成立。

5分で流れをチェック

◉ [01] 内閣では選挙制度改革で [02] が導入された。次の [03] 内閣も非自民の連立政権であったが短命だった。次に日本社会党首班で自民党と新党さきがけの3党連立政権となる [04] 内閣が成立し，1995年には関西で [05] が発生し，オウム真理教による [06] もおこった。………………

◉ 自民党の [07] により連立政権が形成，消費税増税で5%となった。北海道旧土人保護法が廃止されて [08] が成立し，温室効果ガス排出削減目標を定める [09] が採択された。[10] が見直され，日本への武力攻撃以外の周辺事態にも日米で防衛協力することが決定された。[11] 内閣では，周辺事態安全確保法などの [12] が制定された。………………

◉ 1990年から株価が急落し，翌年には景気後退となりバブル経済の崩壊で [13] となった。大量の不良債権をかかえた金融機関の経営が悪化し，金融逼迫が実体経済の不況に波及する複合不況となった。[14] の増加で国内産業の空洞化現象もおこり，失業者も増大した。政府は財政支出拡大と超低金利政策を実施したが，景気は回復せず，複数の金融機関が破綻した。自民党・公明党・保守党の連立政権による [15] 内閣でも不況が継続した。………………

◉ [16] 内閣の時，同時多発テロ事件を機にイラク戦争がおこり，テロ対策特別措置法が制定された。[16] 首相は北朝鮮で [17] 総書記と会談したが [18] などの問題が継続した。日本郵政公社を民営化する [19] の制定など新自由主義的改革が進められ，所得格差が拡大した。………………

◉ 第1次 [20] 内閣，[21] 内閣，[22] 内閣が成立し2008年にはアメリカで発生した [23] で景気後退となり，2009年に [24] が選挙で圧勝，[25] 内閣の成立で政権交代となった。2011年に [26] と，それによる [27] に対処した [28] 内閣は退陣，次の [29] 内閣は選挙で大敗した。自民党・公明党による第2次 [20] 内閣が誕生し，2019年に天皇退位もあり，徳仁皇太子の即位で [30] に改元された。…

重要語句

01 細川護熙
02 小選挙区比例代表並立制
03 羽田孜
04 村山富市
05 阪神・淡路大震災
06 地下鉄サリン事件
07 橋本龍太郎
08 アイヌ文化振興法
09 京都議定書
10 日米防衛協力指針（ガイドライン）
11 小渕恵三
12 新ガイドライン関連法
13 平成不況
14 多国籍企業
15 森喜朗
16 小泉純一郎
17 金正日（キムジョンイル）
18 日本人拉致問題
19 郵政民営化法
20 安倍晋三
21 福田康夫
22 麻生太郎
23 リーマン＝ショック
24 民主党
25 鳩山由紀夫
26 東日本大震災
27 東京電力福島第一原子力発電所事故
28 菅直人
29 野田佳彦
30 令和

続く連立政権の流れまとめ

年	内閣	おもなできごと
1994	細川護熙	○ [小選挙区比例代表並立制] 導入。
	羽田孜	○ 新生党などの非自民連立内閣。
1995	村山富市	○ 日本社会党・自民党・新党さきがけの連立内閣。
		○ 関西で [阪神・淡路大震災] 発生。
		○ オウム真理教により [地下鉄サリン事件] 発生。
1997	橋本龍太郎	○ 消費税 [5] ％実施。
		○ [アイヌ文化振興法] 公布（北海道旧土人保護法は廃止）。
		○ [日米防衛協力指針（ガイドライン）] 見直し。
		○ [京都議定書] 採択（先進国の温室効果ガス排出削減を目標）。
1999	小渕恵三	○ [新ガイドライン関連法] 公布。国旗・国歌法公布。
2000	森喜朗①・②	○ 沖縄サミット開催。旧石器遺跡ねつ造事件。
2001	小泉純一郎①～③	○ 米：同時多発テロ事件➡テロ対策特別措置法でアメリカ支援。
2002		○ 首相が北朝鮮の [金正日] 総書記と会談。拉致被害者が一部帰国。
2003		○ [イラク戦争] ➡イラク復興支援特別措置法（自衛隊派遣）。
2005		○ [郵政民営化法] 公布（日本郵政公社を民営化）。
2007	安倍晋三①	○ 防衛省発足。体調悪化で退陣。
	福田康夫	○ 福田赳夫の子。約1年で退陣。
2008	麻生太郎	○ 米での [リーマン＝ショック] による世界金融危機が進行。
2009	鳩山由紀夫	○ [民主党] が選挙で圧勝し政権交代。
2011	菅直人	○ [東日本大震災] ➡ [東京電力福島第一原子力発電所事故] 発生。
2012	野田佳彦	○ 尖閣諸島を国有化。
	安倍晋三②～④	○ 自民党が政権奪還，公明党と連立内閣。
2014		○ 消費税 [8] ％実施。
2015		○ 選挙権が満 [18] 歳以上の男女に変更。
2019		○ 天皇退位（[光格天皇] 以来），徳仁皇太子即位。[令和] 改元。
		○ 消費税 [10] ％実施。

MY MEMO

KEYWORD
自分がまちがえやすい用語をメモしておこう！

最速で覚える日本史用語

Staff

監修者	佐藤四郎
装丁・本文デザイン	三森健太（JUNGLE）
企画編集	八巻明日香
執　筆	株式会社オルタナプロ（香取愛一郎）
校正・校閲	牧屋研一　前川陽祐　粕谷佳美
	株式会社オルタナプロ　高木直子
イラスト	大津萌乃（P47, P101）　六槻ナノ（P21中央）
	ゼンジ（P21左・右, P23右）　実田くら（P23左）
図版・イラスト作成	株式会社四国写研
データ作成	株式会社四国写研
印刷所	株式会社リーブルテック